中小企業向け
新規融資のための
事業計画分析
PDCA

アーク監査法人
森岡 宏之　鵜木 優次 著

株式会社 **きんざい**

はじめに

　2009年12月に「中小企業等に対する金融の円滑化を図るための臨時措置に関する法律」、いわゆる「金融円滑化法」が施行されました。

　2008年にリーマンショックが引き金となって起きた世界金融危機の影響で、世界的な経済の冷え込みから消費の落ち込み、金融不安で各種通貨から急速なドル安が進み、自動車産業などの輸出産業に大きなダメージが広がり、結果的に日本経済の大幅な景気後退へつながり、中小企業も大きなダメージを受けました。そこで、金融機関の貸し渋り、貸し剥がし対策として約2年間の時限立法として制定されたのが「金融円滑化法」です。その後、2度の延長を経て、2013年3月末に失効されましたが、金融担当大臣談話や、2013年4月に公表された金融検査マニュアルおよび監督指針をみると、法律はなくなれど、円滑化法の精神は依然として受け継がれているといえます。

　「金融円滑化法」により、貸出条件変更の際に提出を求めていた経営改善のための事業計画書は、条件変更後1年以内に提出することが求められましたが、実際は、条件変更の承認のみが目的になってしまい、実現困難かつ改善根拠が乏しい事業計画が提出されていることも多いのが現状です。

　したがって、顧客に対しまずは経営にあたって目標数値となるような事業計画策定のためのアドバイスを行い、その計画と実績を比較することで経営の問題点などを洗い出し、次の施策につなげていくようなコンサルティングを行うことが金融機関担当者に求められています。本書は、そのスタートラインに立つために会社が策定した事業計画が妥当なものかどうかを確認するための入門書となっています。

　事業計画分析を行うための前提知識から、具体的な分析方法に加え、事業改善のための手法も記載しており、最後に事業計画の事例を記載しています。

　本書が、事業計画策定や分析を行っている方々の一助となれば幸いです。

2013年5月

アーク監査法人

[執筆者一覧]

アーク監査法人
アーク監査法人は、監査や各種証明業務をはじめ、株式公開支援、IFRS導入支援、内部統制構築支援、財務デューデリジェンスなど、ニーズに対応した専門性の高いサービスを提供しています。
また、2012年に国際的な会計事務所であるクロウ・ホーワス・インターナショナル（Crowe Horwath International）にビジネスアソシエイトとして加盟し、グローバルなサービスの提供にも対応しています。

森岡　宏之
1974年東京都生まれ　公認会計士
慶應義塾大学卒業後、損害保険会社勤務を経て、朝日監査法人（現、有限責任あずさ監査法人）にて監査業務に従事。2009年7月、アーク監査法人入社。
現在、アーク監査法人　社員

鵜木　優次
1985年石川県生まれ　公認会計士
神戸大学卒業後、2008年4月、アーク監査法人入社。
現在、アーク監査法人　シニア

目 次

第1章 ポスト金融円滑化法

1 金融円滑化法とは ………………………………………………………………2
2 金融円滑化法の利用状況 ………………………………………………………2
3 金融円滑化法が金融機関に与えた影響 ………………………………………4
　(1) 債務者区分 …………………………………………………………………4
　(2) 金融検査マニュアルおよび監督指針の改正 ……………………………5
　(3) 再延長になった金融円滑化法 ……………………………………………5
　(4) 金融円滑化法終了後の対応 ………………………………………………7
　(5) 検査マニュアル・監督指針の新たな対応 ………………………………8
4 金融円滑化法終了後の事業計画の位置づけ …………………………………9

第2章 事業計画分析の前提知識

1 事業計画とは ……………………………………………………………………12
2 事業計画の位置づけ ……………………………………………………………13
　(1) 経営理念、ビジョン ………………………………………………………13
　(2) 経営戦略 ……………………………………………………………………14
　(3) 事業計画 ……………………………………………………………………14
3 ボトムアップかトップダウンか ………………………………………………15
4 事業計画の構成要素および種類 ………………………………………………16
5 予算管理 …………………………………………………………………………17
6 事業計画が利用される場面 ……………………………………………………18
　(1) 企業内部の経営管理目的 …………………………………………………18
　(2) 資金調達目的 ………………………………………………………………19
　(3) 上場審査目的 ………………………………………………………………19
　(4) 会計上の見積りへの利用目的 ……………………………………………19
　(5) 企業価値算定目的 …………………………………………………………20
7 経営戦略 …………………………………………………………………………20

目　次

 (1)　外部環境分析－マクロ環境 …………………………………… 21
 (2)　外部環境分析－ミクロ環境 …………………………………… 22
 (3)　内部環境分析 …………………………………………………… 25
 (4)　SWOT分析 ……………………………………………………… 29

第3章　事業計画分析の概要

1　事業計画分析の必要性 ………………………………………………… 32
2　PDCAサイクル ………………………………………………………… 33
3　全体分析と個別分析 …………………………………………………… 35
 (1)　事業計画全体の分析 …………………………………………… 35
 (2)　基礎となった個別計画ごとの分析 …………………………… 36
4　分析手法 ………………………………………………………………… 37

第4章　事業計画全体分析

1　貸借対照表分析 ………………………………………………………… 40
2　損益計算書分析 ………………………………………………………… 43
 (1)　損益分岐点分析 ………………………………………………… 43
 (2)　事業別、商品別、顧客別損益の分析 ………………………… 47
3　キャッシュ・フロー分析 ……………………………………………… 49
4　指標分析 ………………………………………………………………… 52
 (1)　収益性分析 ……………………………………………………… 52
 (2)　安全性分析 ……………………………………………………… 56
 (3)　生産性分析 ……………………………………………………… 59
 (4)　成長性分析 ……………………………………………………… 62
 (5)　連単倍率分析 …………………………………………………… 63

第5章　事業計画個別分析

1. 見積損益計算書の作成 …………………………………………………………… 66
   - (1) 売上高 …………………………………………………………………………… 66
   - (2) 売上原価 ………………………………………………………………………… 70
   - (3) 人件費 …………………………………………………………………………… 73
   - (4) 設備投資 ………………………………………………………………………… 77
   - (5) 販管費、営業外損益 …………………………………………………………… 83
2. 見積損益計算書の月次への展開 ………………………………………………… 86
3. 見積貸借対照表の作成 …………………………………………………………… 86
   - (1) 売上債権 ………………………………………………………………………… 87
   - (2) 棚卸資産 ………………………………………………………………………… 87
   - (3) 仕入債務 ………………………………………………………………………… 88
   - (4) 有形・無形固定資産 …………………………………………………………… 88
   - (5) 投資その他の資産 ……………………………………………………………… 88
   - (6) 借入金 …………………………………………………………………………… 89
   - (7) その他資産、負債 ……………………………………………………………… 89
   - (8) 純資産項目 ……………………………………………………………………… 89
   - (9) 現金預金 ………………………………………………………………………… 90
4. 見積キャッシュ・フロー計算書の作成 ………………………………………… 90
   - (1) 資金計画とは …………………………………………………………………… 90
   - (2) 見積キャッシュ・フロー計算書の分析 ……………………………………… 91
5. 月次資金繰り表の作成 …………………………………………………………… 94

第6章　事業計画改善の手法

1. 売上の拡大 ………………………………………………………………………… 98
   - (1) ビジネスマッチング …………………………………………………………… 99
   - (2) 産学官連携による技術開発支援 ……………………………………………… 101
2. 費用の圧縮 ………………………………………………………………………… 103
   - (1) 人件費 …………………………………………………………………………… 104
   - (2) 仕入、外注費 …………………………………………………………………… 111

(3)　地代家賃 …………………………………………… 112
　(4)　広告宣伝費 ………………………………………… 113
　(5)　その他費用 ………………………………………… 113
3　財務体質の強化 ………………………………………… 114
　(1)　勘定科目ごとの効率化、健全化 ………………… 115
　(2)　ABL …………………………………………………… 117
　(3)　抜本的な金融支援 ………………………………… 121

第7章　事業計画の事例―A精工株式会社

1　企業の概要 ……………………………………………… 126
2　経営理念 ………………………………………………… 127
3　経営環境 ………………………………………………… 128
4　SWOT分析 ……………………………………………… 129
5　業績の推移 ……………………………………………… 130
6　現状分析および目標値の設定 ………………………… 133
　(1)　売上高 ……………………………………………… 133
　(2)　利　益 ……………………………………………… 133
　(3)　分析指標 …………………………………………… 133
　(4)　目標の設定 ………………………………………… 134
7　見積損益計算書 ………………………………………… 135
8　販売計画 ………………………………………………… 136
9　人員計画 ………………………………………………… 137
10　設備投資計画 …………………………………………… 138
11　売上原価・販管費・営業外損益計画（変動費）…… 139
12　売上原価・販管費・営業外損益計画（固定費）…… 140
13　見積月次損益計算書 …………………………………… 141
14　見積貸借対照表および分析指標 ……………………… 142
15　見積キャッシュ・フロー計算書 ……………………… 143
16　月次資金繰り表 ………………………………………… 144

第1章 ポスト金融円滑化法

第1章　ポスト金融円滑化法

1　金融円滑化法とは

2009年12月に施行された「中小企業者等に対する金融の円滑化を図るための臨時措置に関する法律」(以下、金融円滑化法)は、金融機関に対し、中小企業等が貸付条件の変更等、返済負担の軽減を求めた場合、できる限り応じるように努めることを求めた法律です。「できる限り」「努める」とあるように、これは金融機関の努力義務となっています。

2008年のリーマンショックによる金融危機や景気低迷による中小企業の業績悪化への対応策として、当初、2011年3月末を期限とする2年の時限立法として成立しましたが、景気低迷が続き、中小企業の業況・資金繰りは依然として厳しいものであったため、2度の延長を経て、2013年3月末で失効となりました。

金融円滑化法によって、返済の猶予を受けた中小企業の資金繰りは一時的に改善し、倒産は抑制されていますが、金融機関が行っているのは債権放棄ではなく、あくまで貸付条件の変更であって、返済猶予期間中に経営を立て直す必要があります。しかしながら、現実は、経営再建計画を下回って業績が推移している会社が多いのが現状です。

2　金融円滑化法の利用状況

2012年3月までに、中小企業に対して実際に行われた金融機関における貸付条件の変更等の実行状況は、四半期ごとに約30万件ずつ増加しており、また直近四半期の実行率も95.0％と、申込みをすれば謝絶されることはほとんどない状況となっていました。

また、貸し手の金融機関は、地域銀行と信用金庫で件数は全体の約8割、金額でも約7割を占めており、金融円滑化法における貸し手の主役は地域銀

図表1-1　各期間における貸付条件変更等の申込件数等の推移

	申込み(A)	実行(B)	実行率(B/A)
2009 12	119,851	48,468	40.4
10 1~3	370,391	327,402	88.4
4~6	315,329	296,677	94.1
7~9	316,796	313,829	99.1
10~12	332,184	303,480	91.4
11 1~3	356,941	338,414	94.8
4~6	336,632	321,008	95.4
7~9	308,510	305,484	99.0
10~12	313,874	293,487	93.5
12 1~3	363,234	345,138	95.0

（注）　実行率は、各期間における実行件数と申込件数から算出したもの。
（出所）　金融庁HPより、2012年3月末現在データ。

図表1-2　金融機関別の貸付条件変更等の実行状況

	主要行等	地域銀行	その他の銀行	信用金庫	信用組合	労働金庫	信農連・信漁連	農協・漁協	合計
実行件数	376,602	1,301,618	21,793	986,292	156,374	4	6,838	43,866	2,893,387
実行金額（億円）	198,380	371,414	2,658	183,522	31,391	5	5,377	4,754	797,501

（注1）　主要行等とはみずほ銀行、みずほコーポレート銀行、みずほ信託銀行、三菱東京UFJ銀行、三菱UFJ信託銀行、三井住友銀行、りそな銀行、中央三井信託銀行、住友信託銀行、新生銀行、あおぞら銀行をいう。
（注2）　地域銀行とは地方銀行、第二地方銀行および埼玉りそな銀行をいう。
（出所）　金融庁HPより、2012年3月末現在データ。

第1章 ポスト金融円滑化法

行と信用金庫であるといえるでしょう。

帝国データバンクが2012年1月に発表した「金融円滑化法に対する企業の意識調査」によると、金融円滑化法による借入れの条件変更などを利用したことがある中小企業は1万578社中655社（構成比6.2％）であり、そのうち、半数超が複数回利用し、条件変更の内容は、利用企業の3社に2社が返済の繰延べを実施し、毎回の返済額の減額も35％に達しています。

一方で、借入れの条件変更の際に提出した経営改善のための事業計画は、条件変更を受けた企業の41.7％が当初の改善計画をほぼ計画どおり進めているものの、計画を下回っている企業も33.9％にのぼります。

このように、制度自体の活用は浸透しているといえますが、金融円滑化法の本来の趣旨である、法の利用を経営改善や事業再生の転機とすることは、思うように進んでいないのが実情となっています。

3 金融円滑化法が金融機関に与えた影響

(1) 債務者区分

中小企業が貸付条件の変更を申し出て、返済を猶予したとすると、金融機関としてはその相手先の債務者区分が問題となります。

銀行等の金融機関は、貸付先の債務者区分の自己査定を実施し、債務者区分に応じて貸倒引当金を計上しています。債務者区分は、「正常先」「要管理先以外の要注意先」「要管理先」「破綻懸念先」「実質破綻先」「破綻先」に分類されますが、返済猶予を行った場合は、場合によっては要管理先となり、貸倒引当金の積み増しおよび不良債権としての開示の必要があります。これは金融機関としては返済猶予を躊躇してしまう要因となります。

そこで、金融庁は、各金融機関の自己査定の基本となる金融検査マニュアルおよび監督指針を、金融円滑化法の施行に伴って改正しました。

(2) 金融検査マニュアルおよび監督指針の改正

　貸出条件緩和債権となる融資が存在する企業は、債務者区分で要管理先以下となります。貸出条件緩和債権とは、債務者の経営再建または支援を図ることを目的として、金利の減免、利息の支払猶予、元本の返済猶予、債権放棄その他の債務者に有利となる取決めを行った貸出金で、破綻先債権、延滞債権および3カ月以上延滞債権に該当しないものをいいます。

　もともと、金融円滑化法が施行される前から、監督指針には「実現可能性の高い抜本的な経営再建計画（実抜計画）に沿った金融支援の実施により経営再建が開始されている場合には、当該経営再建計画に基づく貸出金は貸出条件緩和債権には該当しないものと判断して差し支えない」とされていましたが、中小企業は、実抜計画の作成を貸出条件変更日から最長で1年間猶予されることとなりました。したがって、借り手である中小企業が、実抜計画を策定していない場合でも、1年以内に経営改善計画を策定する見込みがあるときは、貸出条件変更日から最長1年間は不良債権に該当しないと判断できることになりました。

　すなわち、従来、貸出条件変更の際に提出を求めていた経営改善のための事業計画書は、その後に経営改善計画を策定する見込みがあれば今後1年以内に提出することが求められ、貸出条件変更時点では不良債権に区分する必要がなくなりました。

　なお、この貸出条件緩和債権の要件の弾力化は恒久措置であるため、金融円滑化法失効後も変わりません。

(3) 再延長になった金融円滑化法

　金融庁は、2011年の12月に、金融円滑化法の2度目の延長を決定しました。東日本大震災、欧州危機および円高等の要因で、中小企業の業況が依然厳しいなか貸付条件の変更を行えば、たしかに資金繰りは緩和されるもの

の、本業が回復しなければ単なる延命策となるにすぎません。そこで、単なる資金繰り緩和のための返済猶予から、金融機関によるコンサルティング機能を発揮し、中小企業の真の意味での経営改善につながる支援を推し進めていく、いわゆる出口戦略へスムーズに移行するために必要な期間が必要であるとされ、2013年3月末までの再延長が決まりました。

図表1－3　「金融円滑化法利用後倒産」の推移

	2009年	2010年	2011年	2012年
件　数	0	23	194	267
負債総額（億円）	0	144	1,338	2,083

（注）　2012年は9月までの数値。
（出所）　帝国データバンク作成数値より抜粋。

図表1－4　「金融円滑化法利用後倒産」件数の月次推移

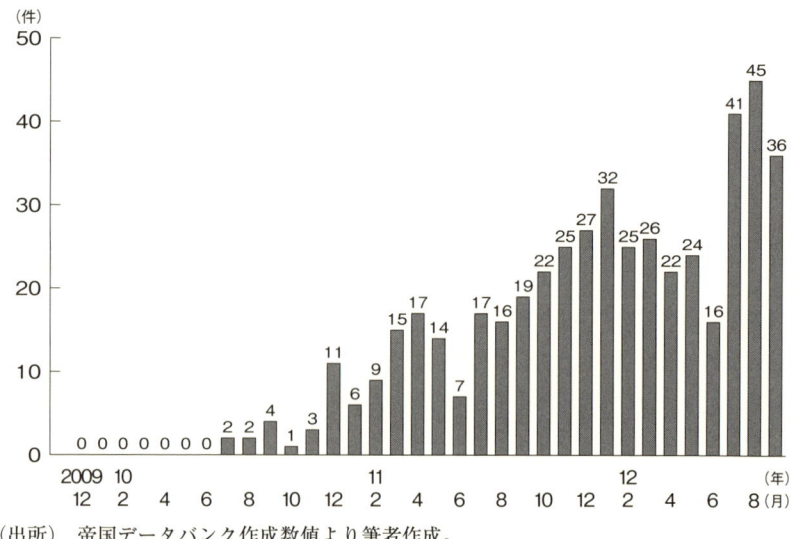

（出所）　帝国データバンク作成数値より筆者作成。

図表1－3および図表1－4は、「金融円滑化法利用後倒産」の推移を記載しています。

　施行当初は、倒産件数の増加傾向に歯止めをかける役割を担っていた金融円滑化法ですが、この時期になると、金融円滑化法利用後の倒産件数も徐々に増加してきました。帝国データバンクの「第7回　中小企業金融円滑化法利用後倒産の動向調査」によると、2010年の終わり頃からその件数は増えはじめ、施行後1年経った2010年では倒産件数23件だったのが、2011年では194件、2012年は9月末現在で267件と、件数は右肩上がりの傾向にあります。月ごとの件数の推移でみても、明らかに増加しており、これからも高い水準で推移してくると予想されます。

　もっとも、金融円滑化法利用社数からみれば倒産件数はごくわずかといえますが、出口戦略で打ち出した融資先企業の評価厳格化によって、金融機関が不良債権と判断する可能性がある不良債権予備軍が多数あることを考えると、氷山の一角にすぎない可能性もあります。

(4) 金融円滑化法終了後の対応

　金融円滑化法は2013年3月末に期限が切れることになりましたが、これに伴い、2012年4月に、内閣府、金融庁、中小企業庁より、「中小企業金融円滑化法の最終延長を踏まえた中小企業の経営支援のための政策パッケージ」が公表されました。このまま金融円滑化法の期限を迎えると、返済猶予を受けていた企業はもとの貸付条件に戻され、経営改善の見込みがない企業は倒産を余儀なくされるケースも想定されます。今回の政策パッケージは、こうした市場の混乱を避け、中小企業の事業再生、業種転換等の支援をより実効性のあるものにするための政策を提示したものであり、内容は以下の三つの項目から構成されています。

　　① 　金融機関によるコンサルティング機能のいっそうの発揮
　　② 　企業再生支援機構および中小企業再生支援協議会の機能および連携の

強化
③　その他経営改善、事業再生支援の環境整備

このように、金融機関に求めているものの軸足を「条件変更への対応」から「コンサルティング機能の発揮」に移しているのがわかります。

(5) 検査マニュアル・監督指針の新たな対応

2013年3月末の金融円滑化法失効に伴い、金融検査マニュアルおよび監督指針が改正され、2013年4月1日から施行されました。中身をみると、金融円滑化法期限到来後も、金融機関は円滑な資金供給や貸付条件の変更等に努めることが求められ、また金融検査・監督の目線やスタンスは金融円滑化法が施行されていた時とまったく変わらないことが確認されています。

2013年4月30日には、「平成24事務年度監督方針及び検査基本方針」が改正されました。これは、監督にあたっての重点事項を明確化したもので、毎年夏に見直されるものですが、年度中の改正は異例のことです。改正の内容は、日本経済がデフレから脱却し、力強い成長を実現していくため、金融機関は顧客企業と向き合い、顧客企業の経営改善や事業再生に向けた支援のみならず、適切にリスクを管理しつつ、新規融資を含む積極的な資金供給を行い、顧客企業の育成・成長を強力に後押しするという金融機関が本来果すべき役割をいっそう促していくことが求められているとされ、新規融資を促すための監督・検査の項目が13項目にわたって具体的に記載されています。

したがって、金融円滑化法失効後も、企業再生支援を進めるというその精神が受け継がれるだけでなく、より一歩踏み込んで、新規融資を促すことが求められています。今後も、金融機関のコンサルティング機能の発揮はますます重要になってくると考えられます。

4　金融円滑化法終了後の事業計画の位置づけ

　金融機関に対してコンサルティング機能の強化が示されましたが、実際、金融機関が直接中小企業のコンサルティングを行うことは、いくつもの顧客を抱える融資担当者にとって、多大な労力、時間、コストがかかることであり、物理的、マンパワー的に困難であることは間違いありません。ここで現実的な対応となるのが、事業計画の分析と進捗管理です。

　借入れの条件変更を申込みにあたっては、前述のとおり1年間の猶予はあるものの、将来の事業計画を提出することが求められています。これは、実現可能性の高い抜本的な経営再建計画（実抜計画）であることが必要です。しかし、条件変更の承認のみが目的になってしまい、実現困難かつ改善根拠が乏しい事業計画が提出されていることも多いのが現状です。

　そのような実現困難で根拠のない事業計画が出されると、当然、実績と計画が乖離することとなり、進捗管理の方法として事業計画を活用することがむずかしくなります。そこで必要となるのが、事業計画の分析です。事業計画の分析を行った結果、不十分な点があれば計画修正のアドバイスを行い、それを基に実績との比較を行って進捗管理を行います。そうすることによって、経営に関してどこを改善すればよいのか、さまざまな情報を得ることができ、コンサルティング機能発揮のための前提となる知識を理解することができます。

第2章 事業計画分析の前提知識

第2章 事業計画分析の前提知識

1 事業計画とは

　事業計画とは、一言でいえば、「企業が経済活動を行ううえでの経営理念やビジョンを経営戦略に落とし込み、さらに実現可能な数値に具現化したもの」です。

　企業の規模や業績の良し悪しに関係なく、どんな企業にも、将来における自社の「こうありたい」という目標があるはずです。企業は、「こうありたい」という目標と現実のギャップを埋めるために、外部の経営環境や自社の強み、弱みを把握したうえで、経営戦略を策定し、事業活動に落とし込み、実践する経営サイクルを繰り返します。その策定した経営戦略を見積財務諸表や各種計画に数値化したものが、事業計画となります。業績拡大期の会社であれば、売上高や設備投資、借入金が年々増加していく事業計画となるでしょうし、赤字が続いて売上アップが見込めない会社であれば、黒字化するためにできる限りコストを削減していく事業計画となるでしょう。

　事業計画を分析することで必要なのは、数値化された財務諸表や各種計画を分析するだけではなく、その根拠となった会社の経営戦略や、より上流概念の経営理念やビジョンも把握することです。どうしても、数値ばかり追いかけて、机上の分析のみになりがちですが、企業の目標、とりまく経営環境や競合他社の動向、ターゲットとなる顧客層、自社の強み、弱み等を知ることで、事業計画が実現できるか否かの正確な判断や、経営改善のためのコンサルティングが可能になると考えられます。

2　事業計画の位置づけ

(1) 経営理念、ビジョン

　事業の発展には、経営理念やビジョンが不可欠です。明確な方向性のないまま組織的に事業を行い、発展させていくことはできません。明確な定義があるわけではありませんが、一般的に経営理念とは、会社の目指すべき行動規範や使命をいい、社内に対しては価値観を共有させるものであり、社外に対しては会社の存在意義を明確化させるものです。会社によっては、社是や社訓と同義です。たとえば、ユニクロを運営するファーストリテイリングの経営理念は、「服を変え、常識を変え、世界を変えていく」というものであり、ソフトバンクの経営理念は、「情報革命で人々を幸せに」というものとなっています。

　また、ビジョンとは、経営理念に基づいた、会社の目指す中長期的な方向性や目標を指します。たとえば、前述のファーストリテイリングであれば、「世界No.1アパレル小売製造グループとなる」、ソフトバンクであれば「30年後に時価総額世界トップ10の会社になる」といったビジョンが掲げられています。これら2社は日本を代表する大規模な会社ですが、中小企業においても、社内で価値観や会社の目指す長期的な方向性を共有し、存在意義をアピールすることは、業績を伸ばし、新たな試みを行っていくために必須なものといえます。

　企業の活動は、組織で行われるものであり、組織にはいろいろな考えをもった人がいます。もし経営理念やビジョンがなければ、組織内の人が目標なく行動することになり、企業内の活動が効率的に行われなくなるどころか、足の引っ張り合いが生じてしまうこともあります。そこで、組織内の全員に共通の価値観をもたせ、向かう方向を一つにすることが必要となるので

す。

(2) 経営戦略

　経営理念は経営者の意思を表したものであり、前述の例をみてもわかるとおり非常に抽象的です。また、ビジョンも経営者の強い思い入れが入ったものであり、壮大な目標であるため、現実とのギャップがあります。そこで、経営理念やビジョンと現実とのギャップを埋め、実現するための道筋を示したもの、いわゆる経営戦略が必要となります。具体的な経営戦略の策定にあたっては、企業をとりまく外部環境および自社の強み、弱みを知り、自社がどの事業領域で戦っていくかを考え、各事業で他社よりも低価格で勝負するのか、価格ではなく差別化を図っていくのか、特定のセグメントに集中するのか等を決定することをいいます。

　また、企業が経済活動を行うなかでは、どうしても元手の資金が必要になります。そこで、株式を発行し、金融機関から借入れを行うなどの資金調達を実施することになりますが、その際も、出資者や金融機関に対して、どのような経済活動を行っていくのか、説明するための資料が必要となります。

(3) 事業計画

　一方で、組織が「販売力を強化する」「他社と差別化する」などといった目標をもっていて、組織内の全員がそれを共有していたとしても、具体的な数値目標がないと、さしあたりどのような行動をとったらよいかむずかしいものとなります。また、出資者や金融機関も、具体的な数値がなければ、期待リターンがどれだけ見込めるのか、または貸付金が当初の契約どおりに返済されるのかについて判断することができません。そこで、経営理念や経営戦略を数値化していくことが必要となります。すなわち、事業計画は、抽象的な表現ではなく、実現可能と見込まれる数値であることが必要となることになります。

したがって、事業計画は、組織内の構成員にとっての羅針盤であり、同時に外部に自社の目標を説明するものとなり、また企業が活動を行ううえで必須のものといえます。

図表2－1　事業計画の概念図

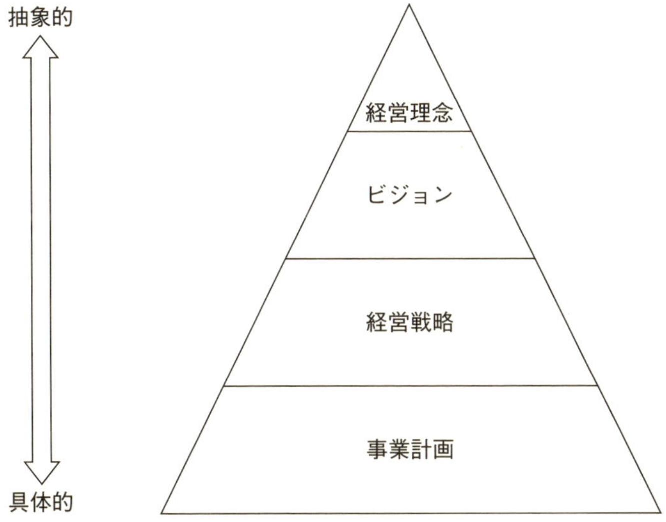

抽象的 ↕ 具体的

（ピラミッド図：上から順に）
- 経営理念
- ビジョン
- 経営戦略
- 事業計画

以上より、経営理念、ビジョン、経営戦略、事業計画の位置づけは、図表2－1のような関係にあるといえます。

3　ボトムアップかトップダウンか

事業計画は、実現可能と見込まれるものでなくてはなりません。一方で、自社の目標となるものであるため、トップである経営者の意向も強く反映されたものとなります。事業計画策定のプロセスは、販売や製造などの各部署からの目標数値を積み上げて合算するボトムアップの方法と、経営者が全社

の目標数値を掲げて各部署の目標数値として落とし込むトップダウンの方法があります。

最終的に事業計画を策定するうえで、実現可能性という点ではボトムアップで各部署が納得するような目標の積み上げにする必要があります。一方で、どのような経営戦略で経営活動を行い、その結果どのような目標を数値として掲げていくか、経営者は強固な意思をもっていることが多く、トップダウンで経営者が達成したい数値にしなければ企業は成長していかないという面があります。

実務上は、会社によってさまざまであり、スタートの方法はボトムアップかトップダウンかどちらにせよ、両者の差を埋め合わせるべく調整を行うことになります。すなわち、トップダウンであれば、各部署から実現可能性がないと判断されれば、事業計画の見直しを経営者に提案することになり、ボトムアップであれば、各部署からの数値を合算したものが経営者の考える目標を達成できないとなると、再度現場に戻され、再考が要求されます。

事業計画は経営理念を反映したものであるため、一般的に、事業計画はトップの意向が強く反映されます。また、ベンチャーキャピタルや銀行から資金調達を行うため、それらにアピールするあまり、ほぼ実現不可能な数値となっており、会社内部では別の保守的な数値の事業計画を別途もっていることもあるため、注意が必要です。逆に、外部への事業計画を達成可能な数値にして、会社内部では従業員の動機づけのために計画を外部への事業計画よりも高い努力目標値に設定していることもあります。この場合、問題はありませんが、提出された事業計画が保守的なものであるのか、根拠のない事業計画なのかを見極めることが重要です。

4　事業計画の構成要素および種類

事業計画は、ビジョンや経営目標、経営環境や競合他社分析、事業コンセ

プトなどの文章で表した部分と、数値で表される部分で構成されます。数値部分は、一般的に見積損益計算書、見積貸借対照表、見積キャッシュ・フロー計算書または資金繰り表と、それらを作成するための基礎資料である販売計画、人員計画、設備投資計画等を指します。

　見積損益計算書は、会社の将来の事業による儲け（利益）を表すものであり、最も重要です。また、見積キャッシュ・フロー計算書または資金繰り予定表は、資金ショートを起こさないために、将来の手元資金量が足りるかどうかを表すものです。黒字倒産といった言葉があるとおり、利益を計上していても資金が回らないといったことは現実にありうることなので、特に手元資金の乏しい会社は、こちらも重要なものとなります。

　また、事業計画は、期間ごとに、月次計画、四半期計画、半期計画、年間計画、２～３年間程度の中期計画、３～５年間程度の長期計画に分類されます。一般的に、事業計画というと、月次単位の数値を合算した１年間の年間計画となっており、それにプラスして別途中期計画や長期計画があるケースが最も多いものとなっています。

　なお、事業計画のうち、月次や年間のものについては一般的に月次予算や年間予算と呼ばれます。

5　予算管理

　企業が業績目標を達成するために、目標を数値化したものである事業計画があり、組織全体が共通の目標のもとに、行動していくことが必要となります。そして、そのためには、まず年間の事業計画（年間予算）を策定し、策定された予算と実績との差異を把握し、差異の発生原因を分析し、経営者がその分析結果に基づいて適切なタイミングで必要な是正措置を講じることが可能となるような体制の構築が必要となります。

　ここまでの年間予算策定までのプロセスを予算編成といい、その後の予実

分析(予算実績差異分析)から是正措置の実行までのプロセスを予算統制といいます。予算編成と予算統制の二つのプロセスを合わせて予算管理といいます。

たとえば、販売部門であれば、月ごとに、売上高の予算策定の根拠となった商品別や拠点別での見込販売数量を、さらに課や個人ごとに落とし込みます。製造部門であれば、製品ラインごとに原価を何％削減できるかを見積もり、それを具体的な費用ごとに落とし込んで製造ラインの人員の意識を共通化します。その結果、各個人や部署ごとに割り当てられた予算を達成することにより、全社の年間予算が達成できることになり、また達成できなかった場合は、予算と実績の差異を把握・分析し、是正措置を講ずることによって、予算達成のための問題点が改善されていくことになります。

予算と実績の差異の原因は、通常、毎月の取締役会等で報告され、差異の原因に応じた対応策が検討されることになりますが、前提として、正確な実績数値が算出されることが必要です。そのため、毎月、社内で月次決算による報告が可能となるような体制を確立することが必要となります。

6　事業計画が利用される場面

事業計画は、企業が経営活動を行ううえでのさまざまな場面で用いられます。融資の場面はその一つですが、ほかにどのような目的で使われるのか、参考までに紹介しておきます。

(1) 企業内部の経営管理目的

予算管理でも述べたとおり、事業計画を各部門や個人レベルまで落とし込んだ年間予算の予実分析を行うことによって、予算数値の管理責任の所在が明確化され、各部門や個人の業績評価に用いることができます。また、各部門や個人が、自ら作成した予算の達成度合いで業績評価がなされることから、予算達成を目指すための動機づけにもなります。経営者は、予算と実績

との差異を把握・分析することにより、経営における課題を把握でき、適切な対応をとることで経営をコントロールすることが可能となります。

(2) 資金調達目的

企業が資金調達を行うには、借入れなどで、金融機関を介して資金を調達する間接金融と、株式発行や社債発行など、金融機関を介さずに資金を調達する直接金融があります。いずれにせよ、将来の返済原資や、行っている事業の将来の見通しを明らかにするため、事業計画を示す必要があります。

次の(3)の上場審査目的も、この一形態ととらえることができます。

(3) 上場審査目的

株式売買を行う投資家の投資判断は、将来の業績予想に基づく企業価値が重要視されます。自社の状況および将来の経営方針に関して、最も詳細かつ正確な情報を有するのは会社自身であるため、その会社自身から発信される将来予測情報は、投資家にとって有用な投資判断情報であると位置づけられます。したがって、上場後に投資家に対して信頼性のある翌期の業績見通しを開示できる体制が整備されているかという観点から、あらかじめ策定した事業計画と、実績数値との乖離が大きくなっていないということが審査されます。あまりに乖離が大きいと、信頼性のある事業計画を策定できる体制になっていないとみなされることになります。

(4) 会計上の見積りへの利用目的

企業が決算書を作成する際、固定資産の減損会計や税効果会計など、将来の見積りが必要な項目があります。たとえば、固定資産の減損会計では、将来、固定資産を使用することによる現金流入見込額が当該固定資産の簿価を上回っていることを確認する必要があります。その際、将来の現金流入額は事業計画を用いて算定することになります。

(5) 企業価値算定目的

　M&A（企業買収）の際は、相手企業の事業内容を調査・検討し、妥当な金額を判断して交渉する必要があります。対象企業の事業の採算性・成長性を判断し、企業価値を算定するためには、事業計画が必要となります。当然ですが、相手企業から提示された事業計画を鵜呑みにして算定するのではなく、対象企業のもつ技術や顧客との関係等を調査によって明らかにしたうえで、事業計画が達成可能かを判断することが前提となります。

7　経営戦略

　1で述べたとおり、事業計画は経営戦略から導かれることになります。したがって、経営戦略の策定において必要十分な検討がなされているかが、事業計画の完成度を図る大きな鍵となります。

　経営戦略は、経営環境の動向を把握する外部環境分析と、企業の強み、弱みを把握する内部環境分析とを行うことで、企業の取り組むべき課題を明確化させ、その課題の解決策と目標達成のための戦略を立てることにより策定されます。そして、その策定された経営戦略を確実に実現するための具体的な実行計画が、数値化された事業計画となります。

　すなわち、外部環境分析と内部環境分析は、企業の取り組むべき課題を明確化するために行われ、経営戦略を策定するうえでの前提条件となります。企業は、自社の環境分析を行ったうえで、事業領域（ドメイン）を決定し、他社よりも安いコストで商品やサービスを提供する戦略をとるのか、差別化戦略をとるのか、マーケットの特定セグメントに絞った集中戦略をとるのかなどの経営戦略を策定しますが、数値化された事業計画を理解するうえでは、自社の環境分析までを把握しておけば十分と考えられます。

　ここでは、外部および内部環境分析の具体的な内容と、それらの分析結果

を整理するためのツールであるSWOT分析の具体的な使用方法を確認します。

(1) 外部環境分析－マクロ環境

　外部環境は、マクロ環境とミクロ環境に大別されます。マクロ環境とは、政治、経済、社会、技術といった、すべての産業に共通した環境です。マクロ環境は、企業にとって統制不可能なものであり、図表2－2のようなものがあります。これらの要因のうち、会社の属する業界に影響を及ぼすと考えられる項目があれば、それを考慮することが必要となります。

　情報としては一般的なものであるため、これらの情報の収集は、新聞等で日常的・継続的に把握し、適切かつ適時にとらえることが必要となります。

図表2－2　外部要因

項　目	内　容	具体例
政治的要因	・法規制 ・税制 ・裁判制度、判例 ・政策	規制緩和、法律改廃、監督官庁の許認可、外交
経済的要因	・景気 ・物価 ・金利、為替、株価	経済成長率の低下、失業率の上昇、設備投資動向の変化
社会的要因	・人口動向 ・価値観、ライフスタイル ・世論、流行 ・教育水準 ・治安、安全保障 ・宗教、言語 ・環境問題	少子高齢化、団塊世代の退職、地球温暖化、クリーンエネルギーの促進
技術的要因	・技術革新 ・特許	インターネット等の情報通信技術の発達、バイオテクノロジーの発達

a　政治的要因

　国の政策や制度により、市場における競争のルールが変化する場合があります。たとえば、いわゆる労働者派遣法や介護保険法の施行によって多くの企業が人材派遣業や介護サービス事業に参入してきました。逆に、極端な場合はビジネス自体が禁止されてしまうこともありえます。

b　経済的要因

　景気や物価、金利等の変動は、企業の活動に影響を及ぼします。たとえば、景気の悪化やデフレの進行は、販売価格の決定やターゲットとなる顧客など、企業の販売戦略に大きな影響を与えます。事業戦略としては、低価格化に対処するための差別化へシフトするかもしれません。

c　社会的要因

　世の中の流行、人口動向等の変化は、消費者のニーズに大きな影響を与え、企業の活動に影響を及ぼします。たとえば、少子高齢化の進行は、高齢者需要へのシフトを促し、高齢化向け市場の拡大が意識されます。

d　技術的要因

　技術革新や特許の有無も、企業の活動に大きな影響を及ぼします。たとえば、インターネット等による昨今の通信インフラの発達、携帯電話等の小型通信機器の進歩は、インターネット販売という新たな販売チャネルの拡大をもたらしています。

(2)　**外部環境分析－ミクロ環境**

　ミクロ環境とは、企業が属する業界特有の外部環境をいいます。大きく分けてa市場、b顧客、c競合の三つがあり、企業自身の働きかけによってあ

る程度コントロールが可能なものです。

　これらの情報の収集は、インターネットや業界誌等で行うことになります。特に、インターネットは、対象となる業界に関する団体のホームページや、官公庁が公表している調査データ等を閲覧することが容易に可能であるため、大まかに業界情報を知る際には特に有用な手段となります。

　それぞれの項目の内容は、以下のとおりです。

項　目	内　容
市　場	・市場規模および成長性 ・収益性
顧　客	・顧客層の想定 ・顧客ニーズの動向
競　合	・仕入先の交渉力 ・顧客の交渉力 ・既存の競合他社との関係 ・新規参入業者の脅威 ・代替品の脅威

　a　市　場

　市場に関する分析では、下記の視点で自社の業界の市場規模および成長性、収益性を把握していることを確認します。

①市場規模および成長性を把握しているか

　自社の業界の市場規模および今後の成長率がどれくらいなのか、業界団体が集計している出荷統計や生産統計等のレポートから調査し、把握、推計します。自社の商品、サービスが複数の業界にわたっている場合は、それらの業界ごとに行う必要があります。

②市場の収益性は適切な値で算定しているか

　自社市場の収益率の平均値を中小企業庁等が調査、公表している業種別の

過去実績データを用いて把握します。

b　顧　客

顧客に関する分析では、下記の視点で顧客層の想定、顧客ニーズの動向を把握していることを確認します。

①顧客層の想定は適切になされているか

国勢調査など、政府や公共機関、各種団体から発表される各種統計や、新聞、業界誌などの記事から、BtoBビジネスである場合は対象とする業種の状況や変化を、BtoCビジネスである場合は、一般消費者の動向や変化を俯瞰的な視点から把握することによって、ビジネスの対象とすべき顧客の想定を行うことができます。

②顧客ニーズの動向を考慮しているか

消費生活、社会、産業、企業をとりまく環境が変化することに伴う顧客ニーズの変化により、これまでは不都合や必要性を感じなかったところに新たなニーズや既存製品需要の転換が発生し、新しい製品やサービスの受け入れられる余地が発生していないかを把握することができます。

c　競　合

競合に関する分析では、下記の五つの競争要因を考慮し、業界内の競争の厳しさや交渉力の強さを判断し、収益性を明らかにしていきます。これらは、ハーバード・ビジネススクールのマイケル・ポーターが考案したフレームワークであり、企業の競争要因は五つに分類できると考え、この競争要因の条件によって企業の競争優位性は決まるとしています。現在、広く一般的に利用されているフレームワークです。

①仕入先の交渉力の強弱

仕入先にとって自社が重要な顧客であるか、または自社において仕入先の変更コストがかからない場合は、自社の仕入先に対する交渉力は強くなり、

収益性は向上します。逆に、仕入先が少ない場合などは、自社の交渉力は弱くなります。

②顧客の交渉力の強弱

上記とは逆の立場で考えると、製品やサービスの差別化が少ないか、または顧客に選択肢が多い場合、自社の顧客に対する交渉力は弱くなり、収益性は低下します。

③既存の競合他社との関係

同業者の規模や数が多かったり、製品やサービスの差別化が少ない場合、既存の競合企業同士が激しく競争を行うこととなり、収益性は低下します。

④新規参入業者の存在

多大な初期投資が必要であったり、許認可制の業界は、新規参入障壁が高くなり、競争相手が減ることとなります。逆に、製品やサービスの差別化が少なかったり、販売チャネルの確保が容易であったりすると、収益性は低下します。

⑤代替品の存在

買い手のニーズを満たす別の商品（代替品）の確保が顧客にとって容易に可能であるならば、企業にとっては収益性低下の要因となります。たとえば、skypeなどのインターネット経由の無料通話サービスの登場は長距離電話や国際電話の料金を低下させ、デジタルカメラの登場はフィルム業界の規模を大幅に縮小させました。

(3) 内部環境分析

内部環境とは、文字どおり会社内部の環境要因のことをいいます。外部環境分析では、市場や競合他社などの会社をとりまく環境を分析しましたが、内部環境分析では、会社がもつ強みや弱みを分析していきます。経営戦略を立てるためには、会社自身の経営資源を明確にし、最大限に活かしていくことが必要です。そのためには、会社自身の経営資源の棚卸を行い、強み・弱

みを把握していくことが必要です。具体的には、会社がもつ技術、ブランド、顧客、販売チャネル、人材、財務、生産能力、システム等、経営資源はどのようなものがあるのか、また競合他社と比べて強み、弱みは何なのかを探っていくことになります。

外部環境分析とは異なり、会社がもつ経営資源について会社自身が分析するため、信頼性の高い情報を収集することが可能ですが、会社の方に会社の強み、弱みがどこにあるのかについてヒアリングを行う場合、内容をそのまま鵜呑みにすることは危険です。たとえば、「営業力に強みがある」「サービスの質に強みがある」であれば、どこに強みがあるのか、なぜそのようなことがいえるのか、その根拠を事実やデータで確認することが必要です。

しかし、こうした経営資源の多くは定性的なものであり、数値で表すことがむずかしいことから、客観的な分析が困難なことにも注意が必要です。

分析するための視点はさまざまな区分が考えられますが、ここではa経営全般、b財務、c販売力、d生産力、e組織・人材、f情報に分けて概要を記載し、最後に表形式でどのような項目があるかを図表2-3に例示しています。強みしか記載していませんが、できていなければ逆に弱みとなります。あくまで一例ですので、このほかにもさまざまな強みが考えられます。

a 経営全般

経営全般に関するものは、経営者の指導力や意思決定プロセスなど、経営者の能力やマネジメントを行うための組織に関する項目です。特に、中小企業では経営者の影響力が強いことが多いため、当項目に関しての影響は大きいものがあります。

たとえば、これまで述べてきたとおり、経営理念やビジョン、経営戦略をもっていない組織では、従業員が目標なく行動することになり、企業内の活動が効率的に行われなくなることが弱みとなります。逆に、マネジメント能力が高い経営者がいる会社はそれ自体が強みとなります。

b　財　務

　財務とは、会社の財務体質が健全か否かを示す項目です。この項目は数値で表すことができ、貸借対照表や損益計算書の分析で客観性のあるデータの裏付けをとることが可能です。たとえば、キャッシュを潤沢に保有する会社は新たな設備投資が可能となって生産余力を有しているし、新規プロジェクトを立ち上げて新たな事業に参入する余力もあることになり、大きな強みとなります。

c　販売力

　いくら良い製品をつくっていても、顧客に売ることができなければ意味がありません。多く販売するためには、優秀な営業マン、幅広い販売網、適切な宣伝戦略等が必要です。また、安定的な顧客基盤をもっていたり、知名度やブランド力をもっている会社は、それだけで大きな強みとなります。

d　生産力

　特に製造業では中心的な項目となります。他社よりも品質の良い製品を安く製造できる能力があれば、大きな強みとなります。また、新技術を研究、開発することは一朝一夕ではできないため、ノウハウや技術が必要となります。また、製造業以外でも、たとえばサービス業であれば、新たなサービスを開発することは必要不可欠です。

e　組織・人材

　会社の規模が大きくなるにつれ、また会社の製品やサービスが多様化・複雑化するにつれ、組織構造が肥大化し、意思決定のスピードが落ちます。そこで、権限委譲を進めるなど、会社の規模にあわせた組織の構築が必要となります。また、「企業は人なり」といわれるように、会社を構成する最も重

要な要素は人材です。優秀な人材が、高いモチベーションをもって活躍できる場が設けられている会社は大きな強みとなります。

 f 情 報

情報システムの構築は、特に中小企業にとっては後回しにされがちです

図表2-3 会社がもつ経営資源

項　目	強みの例
経営全般	・経営層が強いリーダーシップをもっている ・経営理念、ビジョンが存在し、従業員へ浸透している ・経営戦略が明確になっている ・事業計画が適切に策定されており、PDCAが行われている
財　務	・自己資本が厚く、安定的な財務体質である ・高い収益性をもった事業を行っている ・保有するキャッシュが潤沢であり、投資余力が大きい ・資金調達能力に優れている
販売力	・ターゲットとなる市場の選定が適切に行われている ・優れた販売チャネルをもっている ・知名度やブランド力が大きい ・安定した顧客基盤がある ・プロモーションの戦略に優れている
生産力	・コストが安い原材料調達ルートをもっている ・他社より品質が高い製品を生産している ・新技術の研究開発に経営資源を投入可能である ・生産スピード、生産コストに優れた設備を保有している
組織・人材	・職務権限、責任が明確な組織である ・意思決定のスピードが速い組織構成である ・公平かつ適切な人事評価制度がある ・賃金体系が適切である
情　報	・高度な情報システムが整備されている ・入手した情報を全社で共有化する仕組みがある

が、業務の合理化、効率化、迅速化のために情報システムを活用することは欠かせません。また、システムに限らず、組織内に顧客からの要望などの情報をすぐに販売部門や生産部門にフィードバックできる土壌があれば、すぐに次の需要を掘り起こすことも可能となります。

(4) SWOT分析

　これまで、(1)と(2)で会社のとりまく環境である外部環境を認識し、(3)で会社のもつ強み、弱みである内部環境を把握しました。これらの情報を整理することにより、会社が策定した事業計画達成のための成功要因やリスク要因を認識することができます。ここでは、企業の外部環境を「機会」(Opportunity)、「脅威」(Threat) に分け、さらに内部環境を「強み」(Strength)、「弱み」(Weakness) に分けて整理、評価していく手法であるSWOT分析を用いて検討します。これは、会社において事業計画策定等のために自社の経営課題を整理、明確化させ、戦略や施策を企画、検討する場面で多く活用されている手法であり、それぞれの項目を図表2－4で例示しています。

　ここから、「強み」と「機会」、「強み」と「脅威」、「弱み」と「機会」、「弱み」と「脅威」をそれぞれ組み合わせることによって、さらに力を入れるべき事業なのか、もしくは撤退も視野に入れるべき事業なのかがわかります。たとえば、「主力商品の普及率拡大」といった外部環境があり、かつ「その商品に関する独自技術が蓄積されている」のであれば、「強み」と「機会」が組み合わさることになり、力を入れるべき事業であることがわかります。

　組み合わせを整理すると、図表2－5のようになります。

図表2－4　SWOT分析表

	S（Strength／強み）	W（Weakness／弱み）
内部環境	（例） ・商品に関する独自技術が蓄積 ・市場での高いシェアと利益率 ・最新の物流システムを導入 ・コストの安い生産拠点を確保 ・高いブランドイメージ	（例） ・コストが割高 ・特定市場での高依存度 ・営業拠点の少なさ ・新商品開発の出遅れ
	O（Opportunity／機会）	T（Threat／脅威）
外部環境	（例） ・主力商品の普及率拡大 ・競合他社の撤退 ・ネット販売の普及 ・新興国市場での需要拡大	（例） ・大手企業資本の参入 ・市場の成熟化で需要減少 ・新規参入者の増加 ・円高進行による海外売上の減少

図表2－5　SWOT分析の組合せによる検討

	機　会	脅　威
強　み	事業を拡大させることが容易に可能である状況であるため、どうすれば最大限の効果を得られるか検討する	逆風の環境下ではあるものの、自社の強みを使って他社のシェアを奪うような戦略を検討する
弱　み	弱みを克服して機会を得られるような戦略をとるか、機会を捨ててほかに経営資源を集中させるような戦略をとるか選択・検討する	脅威の環境下で、自社の弱みがある場合は、市場からの撤退を検討するか、または現状維持ができるような戦略を検討する

第3章 事業計画分析の概要

第3章　事業計画分析の概要

1　事業計画分析の必要性

　金融円滑化法の出口戦略として金融機関にはコンサルティング機能の発揮が求められていますが、金融機関のメイン業務は融資業務であり、どうしても充てられる人的・時間的資源には制約が生じます。
　では、金融機関としての機能を果たすために、どのようにコンサルティングを実施すればよいでしょうか。
　現実的な対応となるのが、期初において、年間の事業計画が企業の経営改善の目標値として適切なものであるかを確認し、期中に月次単位で進捗管理を行って、実績と計画の予実分析を行い、達成できていなければ適時適切に経営改善策をアドバイスすることです。
　ただ、事業計画数値は、条件変更の承認が目的となる結果、実現困難で根拠の乏しい事業計画が提出されることもたびたびあります。単なる願望のみの、到底実現不可能な事業計画であれば、進捗管理のための目標値としての機能を果たせません。また、経営者の行動計画であるため、事業計画は将来の経営者の行動に依存しています。
　このため、経営者からの行動計画の説明を受け、事業計画の中身について十分に検討したうえで、事業計画の実現可能性および達成状況をみることが必要となります。その後、必要と認められた会社に対し、経営改善提案を行います。

図表3－1　事業計画分析の必要性

コンサルティング資源の制約 → 事業計画の分析と進捗管理 → コンサルティング機能の発揮

2　PDCAサイクル

　第2章でも述べたとおり、事業計画は、各責任部門の予算数値の積上計算で算定されています。予算は、業種にもよりますが、たとえば売上高予算であれば、会社の製商品ごとに単価いくらでどのくらい販売する予定なのか、どの顧客にいくら販売する予定なのかを明確にした販売計画を基礎として作成され、同様に、売上原価予算であれば購買計画や生産計画、販管費予算であれば人員計画や設備投資計画を基礎として作成されています。したがって、事業計画の分析には、各算定基礎が合理的に作成されたものであるかがポイントとなります。
　そして、各予算が有機的に結合し、最終的に見積損益計算書、見積貸借対照表および見積キャッシュ・フロー計算書または資金繰り表に集約されます。また、年度予算は中期事業計画の一部であるため、両者は整合している必要があります。
　また、期中に進捗管理を行うためには、年間の見積損益計算書は月次単位にしておく必要があります。さらに、業績が悪い企業や成長期にある企業などは、年次単位で資金繰りが問題なくても、月次単位でみれば資金ショートしていると倒産の危機となるため、資金繰りも年次単位だけではなく、月次単位でも把握できるようにする必要があります。したがって、見積キャッシュ・フロー計算書または資金繰り表も月次単位にしておく必要があります。
　また、見積貸借対照表は月次単位で作成する必要はありませんが、月次単位で資金繰りを確認する目的で資金繰り表を作成するためには、月次単位での資産・負債の動きを把握する必要があります。
　そして、事業計画に従って業務活動を行い、実施した活動が事業計画どおりに進捗できているかを確認します。もしできていなければ、実績と計画と

第3章 事業計画分析の概要

の差異は何なのか、原因を調査し、具体的な改善策を検討して実行することによって、業務活動をより効果的、効率的に改善していきます。最後に、改善策を反映させた事業計画に修正します。これを、Plan（計画）、Do（実行）、Check（調査）、Act（実行）の頭文字をとって、PDCAサイクルといいます。サイクルが終われば、事業計画を実績と改善策を反映させたものに修正させることで、最後のActが次のPDCAサイクルのPlanにつながることになり、継続的な業務改善を行っていきます。これらの流れを図示すると、図表3－2のようになります。

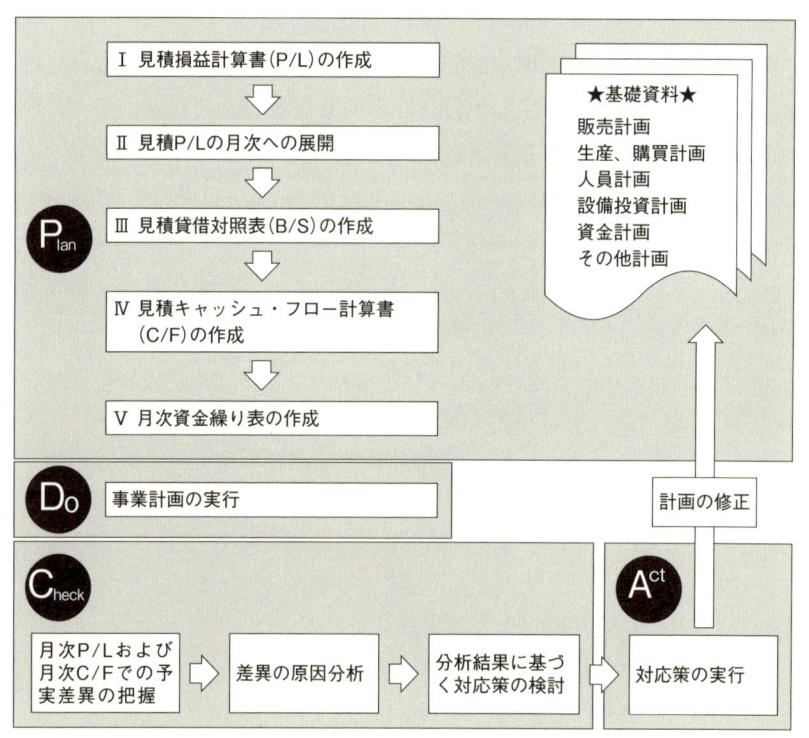

図表3－2　PDCAサイクル

Plan
- Ⅰ 見積損益計算書(P/L)の作成
- Ⅱ 見積P/Lの月次への展開
- Ⅲ 見積貸借対照表(B/S)の作成
- Ⅳ 見積キャッシュ・フロー計算書(C/F)の作成
- Ⅴ 月次資金繰り表の作成

★基礎資料★
販売計画
生産、購買計画
人員計画
設備投資計画
資金計画
その他計画

Do　事業計画の実行

Check　月次P/Lおよび月次C/Fでの予実差異の把握 → 差異の原因分析 → 分析結果に基づく対応策の検討

Act　対応策の実行

計画の修正

3　全体分析と個別分析

事業計画は、販売、生産・購買、設備投資、資金などのそれぞれの活動ごとに個別計画が作成され、それらを統合し作成されるものです。統合された事業計画は、会社全体の活動を表した計画を意味します。

では、この会社の活動全体を表した事業計画の実現可能性は、どのように検討すべきでしょうか。次の二つの視点が重要です。

(1)　事業計画全体の分析

第2章で、事業計画は経営戦略を実現可能な数値に具現化したものであり、経営戦略策定の際には内部環境を分析する必要があることを述べました。内部環境には、会社がもつ財務的な要素も含まれます。事業計画は将来に関する見積りであり、その見積りが達成可能かを判断するためには、企業の現状を知っておくことが必要です。そこで、事業計画の分析に先立って、過去3～5年程度の実績財務諸表を分析し、時系列分析、同業他社比較、指標分析等を用いて、企業がもつ財務的な強みや弱み、課題点を探ります。

その後、企業がもつ財務的な強みや弱み、課題点等を把握したうえで、過去の実績財務諸表と将来の計画とを比較し、企業の現状を反映し、かつ達成可能な範囲の将来目標を加味した計画となっているかを確認します。

分析方法としては、ここでは事業計画を全体としてとらえ、個別計画までは踏み込まず、異常点を大まかにとらえます。個別計画分析では事業計画作成の前提となった個別計画を確認しますが、すべての項目を確認するのは時間的に制約があります。そこで、全体分析により、たとえば前期実績からある部門の売上が大幅に増加する計画となっていたり、利益率が大幅に改善する計画となっていれば、何か売上増加や費用削減の根拠があるということであるため、(2)の個別計画ごとの分析で、これらの根拠を確認するためのあた

りをつける検討を行います。

　以上をまとめると、以下の3点になります。
　── 企業の過去の実績財務諸表を分析し、現状を把握する。
　── 事業計画が企業の現状からみて目標値としての機能を果たすために適切な数値になっているかを確認する。
　── 時系列比較等の分析で異常点のあたりをつけ、個別計画を確認する必要のある項目を洗い出す。

(2) 基礎となった個別計画ごとの分析

　事業計画は会社全体の活動を表したものですが、その基礎には必ず、個別の活動ごとの計画があります。事業計画は、これらの個別計画から適切に作成されていなければ、単なるトップダウンでの数値となっており、経営者の願望以上のものではなく、その実現可能性も乏しいといえます。

　そこで個別計画を分析し、販売計画や購買計画などの個別計画がその作成過程に即して合理的に作成されているかを検討します。事業計画が適切なプロセスを経て適切に作成されているのであれば、その事業計画の実現可能性

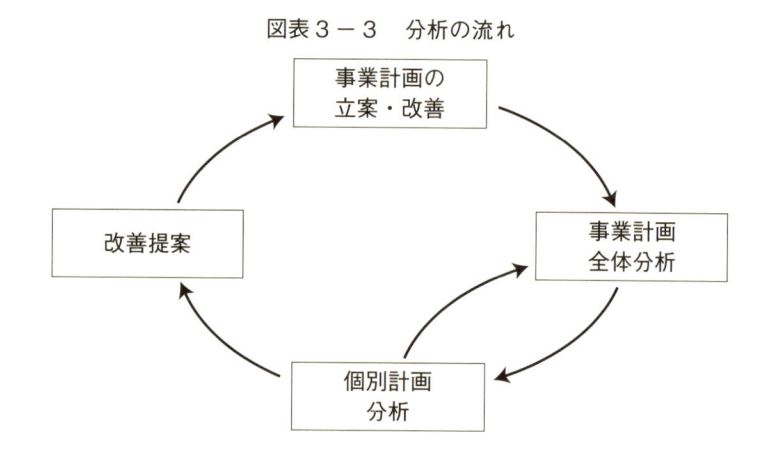

図表3－3　分析の流れ

事業計画の立案・改善 → 事業計画全体分析 → 個別計画分析 → 改善提案 → 事業計画の立案・改善

も高いといえます。

　分析方法としては、まず全体分析を実施し、異常点のあたりをつけ、個別分析を実施し、最終的に全体分析で異常点がないかを総括する、といった流れが最も合理的です。

4　分析手法

　財務分析とは、損益計算書や貸借対照表などの財務諸表をさまざまな観点から分析することにより、会社の経営成績や財政状態の良否を判断することです。

　財務分析を大きく分けると、「実数分析」と「比率分析」があります。実数分析は、財務諸表の実数をそのまま利用して分析します。一方、比率分析は、財務諸表の実数から関係比率または構成比率を算出して分析します。また、比較対象値との関係で、目標値分析、時系列分析、同業比較分析とに大別することができます。事業計画も、過去数値ではありませんが、財務諸表であり、同様に分析を行うことができます。

図表3−4　分析手法の関係

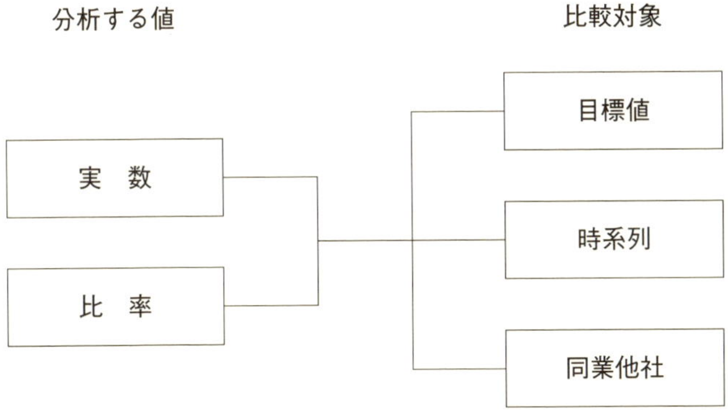

分析する値	比較対象
実　数	目標値
比　率	時系列
	同業他社

第4章 事業計画全体分析

第4章 事業計画全体分析

1 貸借対照表分析

　まず、過去3～5期間程度の実績貸借対照表および年度見積貸借対照表を比較し、科目の趨勢、おもな増減理由を確認し、異常な動きがないか確認します。

　その際、特に注意すべきは、経営者が意図的に経営成績をよくみせようとする粉飾の有無です。損益計算書をみたほうがわかるのではないかと思いがちですが、損益計算書は、1期だけの経営成績を表したものであるため、金額が巨額でなければ粉飾は発見することが困難な場合が多いです。1期だけなら、たとえば次期に計上すべき売上高を先食いで計上するような、次期に帳尻を合わせるかたちの粉飾は、気づかなくてもあまり問題になりません。むしろ、粉飾決算を長期間行っていると、貸借対照表にその影響が累積されて現れます。注意しなければならないのは、長期間粉飾を繰り返していて、架空の資産が積もり積もっている場合です。

　具体例で分析してみます。図表4－1は、第3期まで終了し、第4期の事業計画を策定している甲社の貸借対照表です。

図表4－1　甲社貸借対照表（○1期～○3期は実績、○4期は計画）

（単位：百万円）

科　目	○1期 実績	○2期 実績	対前年	○3期 実績	対前年	○4期 計画	対前年
現預金	13	12	－1	10	－2	12	2
売上債権	28	32	4	36	4	38	2
棚卸資産	21	24	3	27	3	30	3
有形固定資産	15	15	0	16	1	16	0
その他資産	8	9	1	7	－2	8	1
（資産合計）	(85)	(92)	(7)	(96)	(4)	(104)	(8)
仕入債務	25	27	2	25	－2	27	2
未払金	9	11	2	11	0	10	－1
借入金	38	40	2	45	5	47	2
（負債合計）	(72)	(78)	(6)	(81)	(3)	(84)	(3)
資本金	10	10	0	10	0	10	0
剰余金	3	4	1	6	2	10	4
（純資産合計）	(13)	(14)	(1)	(16)	(2)	(20)	(4)
売上高	120	112	－8	106	－6	115	9

　一見、売上高は下降気味ではあるものの、いずれの期も対前年比で大きな増減はなく、順調に剰余金が積み上がっており、○4期の計画もそれほどおかしくはないように思えます。しかし、売上債権と棚卸資産の回転期間を確認すると、以下のような異常値が算出されます。

回転期間分析

(単位：カ月)

	○1期実績	○2期実績	○3期実績	○4期計画
売上債権回転期間	2.8	3.4	4.1	4.0
棚卸資産回転期間	2.1	2.6	3.1	3.1

売上債権回転期間、棚卸資産回転期間ともに、それぞれを売上高で除して算出しています。棚卸資産回転期間は、分母に粗利が含まれる売上高よりも売上原価をもってきたほうがより理論的な回転期間の数値が出ますが、ここでは前期との比較のみを問題とするため、分母を売上高としています。

これをみると、○2期実績、○3期実績とも、明らかに前期から増加しています。売上債権回転期間については、

①大口顧客で回収サイト等の変更
②極端に期末月付近で売上が集中
③回収が滞っている債権が発生
④架空売上による粉飾

のいずれかが原因と考えられます。

さらに、棚卸資産回転期間については、

①何らかの理由で期末月付近に生産や仕入が集中
②滞留在庫の発生
③在庫水増しによる粉飾

のいずれかが原因と考えられます。

理由を調査した結果、回収不能債権や不良在庫が原因だった場合、結果的に事業計画上の○4期の貸借対照表残高にも含まれていることになりますので、貸借対照表残高を修正することが必要になります。また、架空売上や在庫水増しによる粉飾だった場合も、当然ながら修正が必要ですが、経営者が意図的に隠していたということで、ほかにも粉飾が行われていないかを十分検討する必要があります。

架空売上や在庫水増し以外での古典的な粉飾の手段としては、減価償却費を計上しないことがあげられます。この事例でも、有形固定資産の金額が○1期実績から○4期計画までほとんど動きがありません。新規取得分と減価償却費がちょうど相殺されていて結果的に横バイとなっているのであれば問題はありませんが、損益計算書に計上されている減価償却費がどの程度計上されているか、または固定資産台帳等で、固定資産が法定耐用年数で償却されているかを確認する必要があります。ただ、たしかに会計上、減価償却費を計上しないことは粉飾決算にあたりますが、税法上では償却限度額以下であれば減価償却費の計上（損金算入）は任意であり、悪質性は架空売上や在庫水増しに比べるとはるかに落ちます。また、減価償却費は、支出済の費用であり計上にキャッシュアウトを伴わないため、計上することで赤字となるような業績であったとしても、企業の存続に影響を与えるようなことにはならないと考えられます。

　その他の科目、たとえば仮払金や未収入金を水増しして粉飾を行うと、もともとの金額が小さいためすぐに発覚します。意図的に隠すとなると、金額の大きいところに潜り込ませる必要があるため、操作するなら前述の売上債権、在庫、有形固定資産あたりになると思われます。あとは、簿外負債を用いる方法がありますが、簿外の借入金があったとしても、支払利息の費用処理で損益計算書上に現れることになるため、資産水増しよりも隠すのが困難といえます。したがって、「売上債権」「棚卸資産」「有形固定資産」に対し、特に注意を払えば大きな粉飾の事実は把握できると考えられます。

2　損益計算書分析

(1)　損益分岐点分析

　貸借対照表と同様、損益計算書に関しても、直近3期間程度の実績を分析

第4章 事業計画全体分析

し、自社の売上高、経常利益等の趨勢を確認します。そして、来期の事業計画上で、売上高や経常利益の増減がどうなっているかを確認します。

ここで重要となるのが、費用を変動費、固定費に分けて検討するということです。売上高や売上数量が変動する場合、すべての費用が変動するわけではなく、変動費のみが増減します。費用を分解し変動費を把握することで、利益がどのように動くのかを把握でき、赤字にならない売上高の算定や、目標利益を達成するためには売上高があとどのくらい必要で、費用削減がどのくらい必要なのかをシミュレーションすることが可能となります。

したがって、損益計算書の各費目を変動費、固定費に分解することが必要となります。なかには電気料金のように、基本料金＋従量制の料金体系のものもありますが、実務的には、勘定科目ごとに変動費に近い科目は変動費に設定し、残りは固定費として区分する方法が一般的です。

業種ごとに、変動費を例示すると、図表4－2のようになります。固定費は、人件費や減価償却費など、変動費を除いたすべての費用となります。

図表4－2　変動費の種類

業　種	変動費の例
卸売業、小売業	売上原価、運送費、販売手数料
製造業	材料費、外注加工費、運送費、消耗品費、燃料費
建設業	材料費、外注加工費、消耗品費
不動産業	不動産原価、租税公課

図表4－3は、費用、販売量、利益（Cost, Volume, Profit）の三者の関係を示したものであり、CVP図表と呼ばれます。

損益分岐点分析は、これら三者の相関関係を分析する手法であり、事業計画上、目標となる利益をどのように獲得していくかの分析の手段に用いられます。

図表4－3　CVP図表

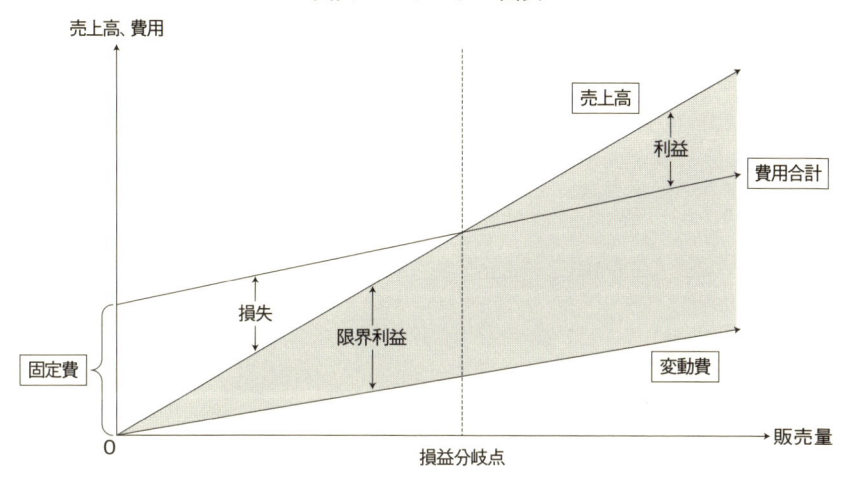

販売量の増加に伴い、網掛けの売上から変動費を控除した値が増加しています。この売上から変動費を控除した値は、埋没費用である固定費を回収していることがわかります。固定費を回収し、営業利益の獲得に貢献するものであり、この売上から変動費を控除した値は、限界利益（または、貢献利益）と呼ばれます。

当初は固定費のみが計上され、限界利益で回収しきれず損失が計上されていますが、販売量が増加するにつれ、やがて限界利益は固定費を全額回収し、利益が計上されています。この固定費を全額回収するポイントが損益分岐点です。

この限界利益から下記数値が算定できます。
- 損益分岐点売上高　：固定費／（1－変動費率）
- 目標利益達成売上高：（固定費＋目標利益）／（1－変動費率）

いずれも、獲得すべき限界利益を、限界利益率で割った算式となっています。

第4章 事業計画全体分析

次に、具体例を用いて、実際に分析してみます。図表4－4は、○3期まで終了し、○4期の事業計画を策定している乙社の損益計算書です。通常の損益計算書と異なる点は、費用を変動費、固定費に分類している点と、費用を集約している点です。

図表4－4　乙社損益計算書（○1期〜○3期は実績、○4期は計画）
（単位：百万円）

科　目	○1期実績	構成比	○2期実績	構成比	対前年	○3期実績	構成比	対前年	○4期計画	構成比	対前年
売上高	160	100%	140	100%	－20	110	100%	－30	130	100%	20
変動費	102	64%	92	66%	－10	73	66%	－19	78	60%	5
限界利益	58	36%	48	34%	－10	37	34%	－11	52	40%	15
固定費											
人件費	30	19%	28	20%	－2	28	25%	0	32	25%	4
その他固定費	18	11%	15	11%	－3	16	15%	1	12	9%	－4
経常利益	10	6%	5	4%	－5	－7	－6%	－12	8	6%	15
法人税等	4	3%	2	1%	－2	0	0%	－2	3	2%	3
当期利益	6	4%	3	2%	－3	－7	－6%	－10	5	4%	12

　まず、売上高が○1期から○3期まで逓減傾向だったのが、○4期では若干回復する計画になっています。そこで、具体的な見込み顧客がすでにあるのか、新規顧客を見込もうとしているのか、商品の単価をあげようとしているのか、販売計画での確認が必要です。

　変動費率は、○1期から○3期までの実績では安定して65％前後となっていますが、○4期では60％となっています。5％削減の理由は、変動費のうち、売上原価なのか、販管費なのか、何の費用なのか、どのように削減できるのか、購買計画や販管費予算での確認が必要です。

　固定費は、総額では○3期と変わりませんが、人件費が4百万円増加し、その他固定費が4百万円減少しています。人員が増える予定になっている

か、人員計画を確認します。また、その他固定費の減少は具体的に何の費用なのか、どのように削減できるのかの確認が必要です。

このように、実績と比べ、金額に著しい変動がみられるところに注目し、個別計画で確認するというパターンであることがわかります。確認の結果、根拠のない金額であれば、必要に応じて企業に対し事業計画の修正を依頼することになります。

また、①売上数量を増やす場合、②売上単価を増やす場合、③変動費率を抑える場合、④固定費を削減する場合、それぞれの場合にどれほどの利益が上積みできるのか、事前にシミュレーションを行うことも可能ですし、赤字を避けるための損益分岐点売上高がいくらなのかを算定することも可能です。

(2) 事業別、商品別、顧客別損益の分析

全体の損益計算書では、売上や利益の推移をみても、何が原因で業績が変化しているのかを把握することは困難です。そこで、会社内での管理資料である事業別、商品別、顧客別等の損益計算書を用いて、それぞれの収益性を確認することが、事業計画策定には有益な情報となります。

また、先ほどの乙社の具体例をみてみます。乙社はA事業とB事業という二つの事業を行っています。

先ほどの乙社の変動損益計算書を、A事業とB事業に分割したものです。会社が損益管理のために作成していれば入手可能ですが、もし作成していなければ、作成を依頼するか、会社から必要な情報を入手して作成することになります。

先ほどと形式が異なるのは、固定費を事業固有の固定費と全社固定費に分けている点です。したがって、固定費を計上する段階で、事業固有の固定費と本部経費などの全社固定費に分類する必要があります。全社固定費は、売上高や社員数、減価償却費など、実体に合うものを配賦基準として選択しま

す。具体例では、売上高で配賦しており、全社固定費の構成比割合がA事業とB事業で一致しています。

これをみると、A事業の売上高は◯1期から◯3期まで落ち込んでおり、限界利益率も減少しています。一方、B事業も売上高は減少傾向にありますが、A事業ほどではありません。B事業の限界利益率はむしろ◯1期よりも

図表4－5　乙社・A事業損益計算書（◯1期～◯3期は実績、◯4期は計画）
(単位：百万円)

科目	◯1期 A事業実績	構成比	◯2期 A事業実績	構成比	対前年	◯3期 A事業実績	構成比	対前年	◯4期 A事業計画	構成比	対前年
売上高	102	100%	85	100%	－17	60	100%	－25	78	100%	18
変動費	64	63%	59	69%	－5	42	70%	－17	48	62%	6
限界利益	38	37%	26	31%	－12	18	30%	－8	30	38%	12
固定費 　A事業固定費 　全社固定費	 14 16	 14% 16%	 14 13	 16% 15%	 0 －3	 15 11	 25% 18%	 1 －2	 15 12	 19% 15%	 0 1
経常利益	8	8%	－1	－1%	－9	－8	－13%	－7	3	4%	11

図表4－6　乙社・B事業損益計算書（◯1期～◯3期は実績、◯4期は計画）
(単位：百万円)

科目	◯1期 B事業実績	構成比	◯2期 B事業実績	構成比	対前年	◯3期 B事業実績	構成比	対前年	◯4期 B事業計画	構成比	対前年
売上高	58	100%	55	100%	－3	50	100%	－5	52	100%	2
変動費	38	66%	33	60%	－5	31	62%	－2	30	58%	－1
限界利益	20	34%	22	40%	2	19	38%	－3	22	42%	3
固定費 　B事業固定費 　全社固定費	 9 9	 16% 16%	 8 8	 15% 15%	 －1 －1	 9 9	 18% 18%	 1 1	 9 8	 17% 15%	 0 －1
経常利益	2	3%	6	11%	4	1	2%	－5	5	10%	4

上がっており、利益率の高い事業になってきています。このことから、A社の業績不振の原因はA事業にあることがわかります。特に、○3期に至ってはA事業の限界利益からA事業固有の固定費を差し引くと3百万円となっており、事業撤退も視野に入れなければならないところまで来ていることがわかります。

　○4期の事業計画をみると、A事業の売上高、限界利益率ともに大幅に回復しています。固定費はおおむね横バイであるため、計画上でA事業の売上増加の根拠は何か、また変動費率が減少している根拠は何かを販売計画や売上原価計画、販管費計画で確認する必要があります。何も具体的な根拠がなければ、修正が必要となりますが、人件費などの固定費削減等、利益を計上するためには何か別の施策を考えて、事業計画に反映させなければなりません。

　事業別損益と同様、商品別、顧客別でも同様の管理を行っていれば、同様の分析を行います。たとえば、大口顧客で売上高は大きいけれども利益が少ないところがあれば、値引きや多額なリベートを要求されていたり、売上高を重視するあまり営業の人員を多く投入し固定費が嵩んでいたりする場合があります。そのような場合も、顧客別損益分析において問題点が明らかになり、売上高偏重の傾向を利益重視に是正するようアドバイスを行うことができます。

3　キャッシュ・フロー分析

　損益計算上の利益は見かけで、キャッシュは実像といわれるように、キャッシュ・フロー計算書は実際の資金の動きを表します。

　営業活動は、本業から生じた資金の増減を表し、順調な会社では、通常プラスです。本業をすることで資金が流出することが続くようでは、本業を続けることはできません。営業キャッシュ・フローが大きくマイナス、または

第4章 事業計画全体分析

継続してマイナスの場合、抜本的な改善または事業の廃止が必要となります。

また、投資活動は、将来の資金を得るための活動による資金の増減を表し、順調な会社では、通常マイナスです。これは、将来の資金を得るためには、投資が可能な時期に実施する必要があり、投資キャッシュ・フローがマイナスの場合は投資余力があること、将来の資金獲得に多くの資金を投じていることを意味するためです。なお、成熟産業等、もはや投資の必要性がなくなっている場合には、投資を撤収するまたは別の事業への投資を行うなどの工夫が必要になってきます。

財務活動は、外部からの資金調達活動による資金の増減を意味し、資金の需要に依存します。つまり、営業活動、投資活動のキャッシュ・フローの結果、残存する資金量に応じて、借入れ、返済、配当等を行うものです。

営業、投資の双方をあわせたキャッシュ・フローはフリー・キャッシュ・フローと呼ばれ、この値がプラスであれば、借入れなど財務活動で資金を調達しなくても、事業の継続ができることを意味し、逆に合計値がマイナスの場合は、借入金の返済等の財務活動がゼロであっても資金が減り続けることになります。

キャッシュ・フローの分析は、活動ごとの合計値を時系列で並べると、大局的な分析が可能となります。

具体例で分析してみます。図表4－7は、○3期まで終了し、○4期の事業計画を策定している丙社のキャッシュ・フロー計算書です。

○1期は、本業からのキャッシュインが多くあり、設備投資と借入れの返済に充当している理想的な状況でした。しかし、○2期になると営業活動によるキャッシュ・フローが減少し、通常の設備投資を行うと資金はほとんど増加せず、新規借入れを行いました。○3期は本業から収入がマイナスとなり、フリー・キャッシュ・フローもマイナスです。そのため、再度追加で借入れを行いました。○4期は、業績回復が予想されていると推測できます。

図表4－7　丙社キャッシュ・フロー計算書　（単位：百万円）

	○1期実績	○2期実績	○3期実績	○4期計画
営業活動によるキャッシュ・フロー(a)	10	5	−4	8
投資活動によるキャッシュ・フロー(b)	−3	−4	−3	−3
財務活動によるキャッシュ・フロー(c)	−4	1	5	−4
資金増減(a)+(b)+(c)	3	2	−2	1
フリー・キャッシュ・フロー(a)+(b)	7	1	−7	5

　もし会社が過年度のキャッシュ・フロー計算書を作成していなくても、作成するのにそれほど時間はかかりません。まず、投資有価証券、有形・無形固定資産、貸付金、その他投資等の取得による支出と売却等による収入で投資活動によるキャッシュ・フローを算定し、借入金や社債、増資、配当による収入、支出で財務活動によるキャッシュ・フローを算定できれば、あとは期初と期末のキャッシュの差額から営業活動によるキャッシュ・フローは逆算できます。

　金額の多寡にもよりますが、大まかにキャッシュ・フローを各活動のプラス、マイナスで分類した分析は、図表4－8のようになります。

図表4－8　キャッシュ・フローのタイプ別分析

	営業活動	投資活動	財務活動	特　徴
①	＋	＋	＋	本業が順調で、資産を売却しつつ、資金調達も行っています。ほぼ存在しないパターンであり、あっても特殊な期だったと考えるべきです。
②	＋	＋	−	土地などの資産や事業を売却して配当を行ったり、借入れを返済していると推測されます。本業が順調で配当を支払っている優良企業が、たまたま事業譲渡を行ったり土地等を売却した可能性があります。

③	＋	－	＋	借入れ等の資金調達を行って、積極的に将来へ向けて投資をしていると推測され、成長産業の企業にみられるパターンです。
④	＋	－	－	本業の稼ぎを将来への投資と借入返済等の財務体質の強化に使っており、理想的な状況です。
⑤	－	＋	＋	本業が悪化し、資産の売却と新規借入れで資金繰りをまかなっている可能性があり、抜本的な改善支援が求められます。
⑥	－	＋	－	本業が悪化し、資産を売却しながら借入れを返済している可能性があり、こちらも抜本的な改善支援が求められます。
⑦	－	－	＋	新規借入れや増資を行い、その資金を投資に振り向けていますが、運転資金の不足等で営業活動はマイナスとなっていると推測されます。ベンチャー企業の売上拡大期にみられるパターンです。
⑧	－	－	－	早急に改善が必要な状態です。

4 指標分析

　これまで貸借対照表、損益計算書、キャッシュ・フロー計算書の分析を行い、会社が抱えている現状の問題点等を把握し、全体分析の結果、個別分析で確認が必要な事項を洗い出しました。ここで行うことは、指標分析を用いて、貸借対照表、損益計算書、キャッシュ・フロー計算書上の数値から、会社の現状の問題点をより明確にすることを目的としています。

　経営分析で用いられる代表的な切り口は、収益性、安全性、生産性、成長性の四つがあげられます。各分析の視点は図表4-9のとおりです。

(1) 収益性分析

　営利企業は利益を追求するために存在しています。したがって、企業の現状を知るための指標分析において、企業がどの程度の利益獲得能力をもって

図表4−9　代表的な四つの切り口

切り口	視点
収益性分析	利益獲得能力
安全性分析	支払能力
生産性分析	経営資源の活用度合い
成長性分析	成長可能性

いるかを知ることは最も重要です。

　総合的な収益性を判断する経営指標としては、企業が投下した資本に対し、どれだけの利益を得ることができたかを示す資本利益率があります。利益を資本で除して算定されますが、利益と資本の種類で図表4−10のような指標があります。

　それぞれの分子、分母は、図表4−11のような対応関係にあります。

図表4−10　収益性の分析指標

指標名	算定方法	意味
総資本経常利益率（ROA）	$\dfrac{経常利益}{総資本}$	企業が全体として投下された資本に対しどれだけのリターンを生み出すことができたかを示す指標であり、資本をいかに効率よく使うことができたかを表します。
自己資本利益率（ROE）	$\dfrac{当期純利益}{自己資本}$	企業が株主から拠出された資本に対してどれだけリターンを生み出すことができたかを表します。
投下資本利益率（ROIC）	$\dfrac{税引後営業利益}{投下資本}$	企業が事業活動のために投じた資本（IC）に対して本業でどれだけのリターンを生み出すことができたかを表します。

第4章 事業計画全体分析

図表4-11 投下資本と利益の関係

貸借対照表

	その他負債	
ROA 経常利益 ←	有利子負債	→ 税引後営業利益 ROIC
資産	純資産	→ 当期純利益 ROE

　総資本経常利益率（ROA）は、企業全体として投下された資本（＝総資産）が分母となり、分子は、財務活動を含めた通常の活動から得られた利益を表す経常利益を用います。ただ、ROAの分子はさまざまな考え方があり、当期純利益が用いられることもあります。また、より理論的な利益として、資金調達源泉の違いの影響を取り除くため、支払利息控除前の経常利益（事業利益）が用いられることもあります。

　自己資本比率（ROE）は、株主からみた収益性指標であるため、株主が投下した資本（＝純資産）が分母となります。分子は、株主にとって重要なのは経常利益か特別利益かで左右されるものではなく、最終的に株主に帰属される利益が重要視されます。したがって、当期純利益が分子となります。

　投下資本利益率（ROIC）は、ROAよりもより本業からどれほどのリターンを得られているかを示す収益性指標です。分母を純粋に企業に拠出された資本とするため、有利子負債と純資産を合計した投下資本とし、分子は営業外や特別損益を除いた税引後営業利益とします。

　資本利益率を高めるためにはどうすればよいか、このなかでも最もポピュラーな指標である総資本経常利益率（ROA）を分解すると、以下のようになります。

$$\frac{経常利益}{総資本} = \frac{経常利益}{売上高} \times \frac{売上高}{資本}$$
（総資本経常利益率）　（売上高経常利益率）　（総資本回転率）

　この式をみるとわかるとおり、ROAを高めるためには、売上高経常利益率、または総資本回転率を高めればよいことになります。さらに、売上高経常利益率と総資本回転率を分解していくと、図表4－12のようになります。

図表4－12　ROAの分解図

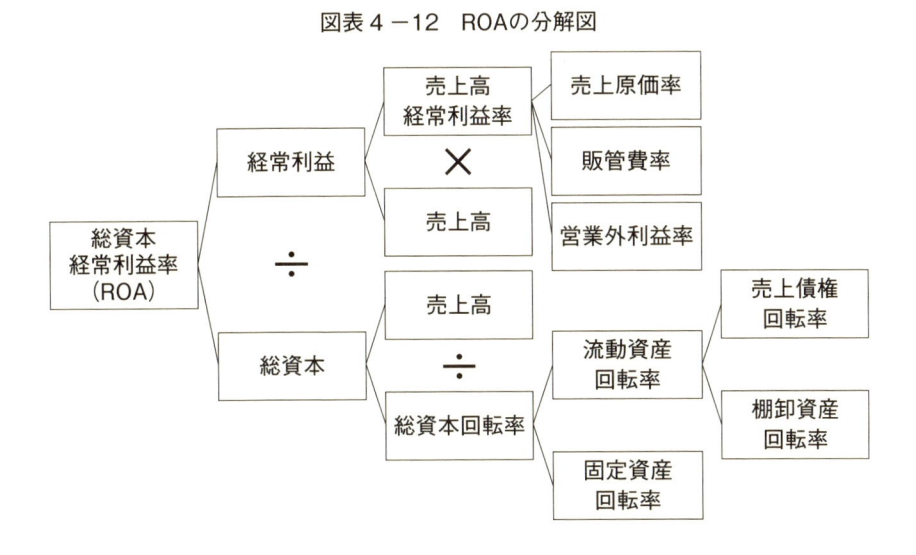

```
                        ┌─ 売上高経常利益率 ─┬─ 売上原価率
           ┌─ 経常利益 ─┤                    ├─ 販管費率
           │            │         ×          │
総資本      │            └─ 売上高             └─ 営業外利益率
経常利益率 ─┤ ÷
（ROA）     │            ┌─ 売上高             ┌─ 売上債権回転率
           └─ 総資本 ───┤         ÷          ├─ 流動資産回転率 ─┤
                        │                    │                   └─ 棚卸資産回転率
                        └─ 総資本回転率       └─ 固定資産回転率
```

　図表4－12から、ROAを改善するためには、売上高経常利益率を構成する売上原価率、販管費率、営業外利益率を改善するか、または総資本回転率を構成する売上債権回転率、棚卸資産回転率、固定資産回転率を改善すればよいことがわかります。
　したがって、同業他社や業界平均と会社の過去データおよび事業計画の数

値を比較し、会社にとって問題点はどこにあるのか、どのような改善策があるのかを検討することになります。

たとえば、売上原価、販管費、営業外利益のすべての費用項目の対売上高比を算出し、時系列で悪化している費用についてコストダウンを図ります。また、売上債権回転率であれば債権回収期間の短縮を図り、棚卸資産回転率であれば過剰在庫の有無を確認し、固定資産回転率であれば過去の設備投資が過大ではなかったか、現時点で有形固定資産が十分に活用されていないのではないかを検討します。なお、詳細は第5章に記載します。

(2) 安全性分析

安全性は、企業の支払能力を表しています。収益性が高ければ、通常、安全性も高い場合が多いですが、短期的には、売上が拡大していて収益性の高い企業が、一時的に運転資金がショートするケースもあるため、収益性と並んで重視されている指標です。長期的には、収益力が高い企業は、安全性も高くなります。

a 支払義務と支払原資

安全性を確認するうえで重要な点は、支払義務と支払原資との対応関係を確認することと、あくまでここで行う分析は簡便的な分析であるため、最終的には資金計画等で資金繰りの確認を行う必要があることの2点です。代表的な指標としては、図表4-13の指標があります。支払義務と支払原資との対応関係については、図表4-14のように示すことができます。

①流動比率

短期的な支払義務に対し、短期的な支払原資がどのくらいあるかを示したものが流動比率です。これは短期的な支払余力を表し、目安は少なくとも100％超となります。

図表4－13　安全性の分析指標

指標名	算定方法	意味
流動比率	流動資産 / 流動負債	短期的な支払余力を表します。
当座比率	当座資産 / 流動負債	流動比率と同様、短期的な支払余力を表しますが、流動比率よりも直接的な支払余力を表します。
固定比率	固定資産 / 自己資本	固定資産のうちどの程度が自己資本でまかなわれているかを表します。
固定長期適合率	固定資産 / (自己資本＋固定負債)	固定資本の支払原資が、返済義務の期間が長いものでまかなわれているかを表します。
自己資本比率	自己資本 / 総資本	調達資金のうち、自己資本の割合を表します。
インタレスト・カバレッジ・レシオ	(営業利益＋受取利息および配当金) / 金融費用	有利子負債の利息の返済余力を図るための指標であり、金融費用の何倍の事業利益を計上しているかを表します。
債務償還年数	有利子負債 / 営業活動によるC/F	有利子負債の返済能力を表します。

図表4－14　支払義務と支払原資との対応関係

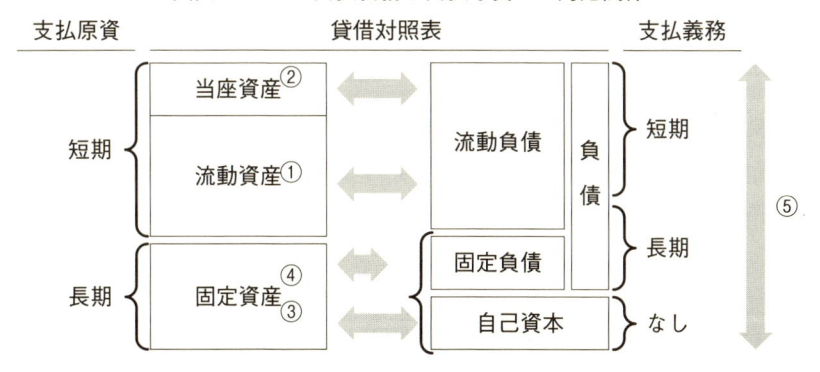

支払原資	貸借対照表		支払義務
短期 {	当座資産②	流動負債　負債	短期
	流動資産①		
長期 {	固定資産④③	固定負債	長期
		自己資本	なし

⑤

②当座比率

流動資産のなかには短期的に支払原資にできないものもあります。それらを流動資産から除いた現金預金、売上債権、一時所有の有価証券を当座資産と呼び、より確実な短期的支払余力を表す指標として、当座比率が算定されます。

③固定比率

固定的な支払余力として、固定的な投資が最も返済義務のない自己資本でどの程度まかなわれているかを示したものが、固定比率です。返済義務のない自己資本との比較ですから、これは強い固定的な支払余力を表します。

④固定長期適合率

返済義務のない自己資本ですべての投資をまかなっている状況は、多くありません。実際には固定的な借入資金も含め投資を行い、返済を行っていくことが多いでしょう。これを示したものが固定長期適合率です。

ただ、これら全般として注意すべき点は、貸借対照表の資産も負債も支払時期は厳密にはわからないという点です。特に、固定長期適合率では、長期にわたり投資回収を行う固定資産と、長期にわたり支払義務のある固定負債を対比させているため、100％以上であっても、先に固定負債の支払義務がきて支払ができないという事態も考えられます。

⑤自己資本比率・負債比率

貸借対照表の支払義務をタテに対比し、借入れの有無を指標にしたのが、自己資本比率、負債比率です。調達資金のうちの借入れの度合を表しており、借入余力等をみることができます。自己資本比率と負債比率は表裏一体の関係にあり、借入れの依存度が大きいほど、自己資本比率が小さく、負債比率が大きくなります。

b　支払能力

このように、支払義務と支払原資との対応関係においては、現状の資産、

負債をベースに分析を行っていますが、実際には会社は事業活動を行うことにより、日々資金を使用し、資金を得ています。これらの動きは貸借対照表からはわかりません。そこで、キャッシュ・フロー計算書、特にフリー・キャッシュ・フローから、将来的な安全性の確認を行います。代表的な指標としては、インタレスト・カバレッジ・レシオと、債務償還年数です。

①インタレスト・カバレッジ・レシオ

インタレスト・カバレッジ・レシオは、金利の支払能力を表します。1倍を割り込んでいると、利息負担に耐えきれず経常損失となっていることを意味し、この状況が続くようでは、元本の返済はむずかしいと判断することとなります。

②債務償還年数

債務償還年数は、有利子負債の返済能力を表します。通常は、期中に得られるキャッシュ・フローも見込んで借入れを実行するため、貸借対照表だけの分析より実態にあった返済能力を確認することができます。なお、算定方法はさまざまあり、分子である有利子負債から運転資金および現預金をマイナスする方法もあります。

固定資産は、固定負債や自己資本といった長期資金で調達し、流動資産は短期資金で調達するのが原則です。また、借入金等の負債が総資本に占める割合が過度に高くなると、業績が悪化した際に返済や金利負担が重くなり、倒産の危機に追い込まれることもあります。したがって、安全性での指標分析の結果を十分検討し、事業計画での資金計画や設備投資計画に反映させることが必要となります。

(3) 生産性分析

生産性は、従業員や設備などの経営資源をいかに効率よく活用できたかというものであり、収益性分析を補完する指標です。企業活動は、従業員の労

働力や機械等の設備といった経営資源を使って行われるため、それらの生産性をあげるためにはどうすればよいかを検討することは、企業を経営するうえで必要です。

生産性分析の代表的な指標としては、図表4－15のものがあります。

図表4－15　生産性の分析指標

指標名	算定方法	意味
労働生産性	付加価値 / 従業員数	従業員一人当りどれだけの付加価値を生み出したかを表します。
労働分配率	人件費 / 付加価値	付加価値のうちどれくらいの割合が人件費に分配されたかを示す指標であり、低ければ低いほど効率的であることを表します。

a　付加価値

生産性分析では、付加価値という概念を用います。企業にとって、インプットした経営資源を使って、その企業のなかで価値を付与し、アウトプットします。その付与された価値を付加価値といい、企業が新たに生み出した価値を意味します。生み出された付加価値は、図表4－16のようなかたちで企業の利害関係者に分配されます。

付加価値の算定にはいくつか方法がありますが、図表4－16の配分をすべて合計した金額で算定する方法を日銀方式といい、下記のようになります。

```
付加価値＝当期純利益＋税金費用（法人税等、租税公課）＋人件費＋金融費
　　　　　用＋賃借料＋減価償却費
```

図表4－16　付加価値の配分と算定

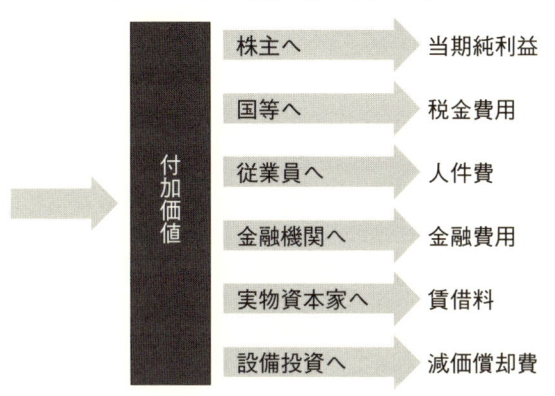

付加価値 →
- 株主へ → 当期純利益
- 国等へ → 税金費用
- 従業員へ → 人件費
- 金融機関へ → 金融費用
- 実物資本家へ → 賃借料
- 設備投資へ → 減価償却費

b　労働生産性

生産性分析で最も重要な指標は、労働生産性です。労働生産性とは、従業員一人当りの付加価値であり、1期間で従業員一人がどれだけの付加価値を会社に生み出したかを示す指標です。自社の数値が同業他社と比べ低い傾向にないか、また時系列で数値が下落傾向にないかを確認する必要があります。

労働生産性の数値を改善する方法としては、経営努力により売上高を伸ばして分子である付加価値を上昇させるか、人手を使って行っていた業務の機械化、IT化を進め、人員を適正化することが必要となります。

c　労働分配率

次に重要な指標としては、労働分配率があります。労働分配率は、付加価値に対しての人件費の割合を示す指標であり、付加価値のうちどれだけ人件費に分配されたかを表します。比率が低いほど効率的に付加価値を生み出していると判断できますが、あまりに低いと、従業員から自社の業績に対する

給与水準の低さについて不満が出て、従業員のモチベーションが下がっていく可能性があります。したがって、労働分配率は、内部留保を確保しつつ、適度な賃金水準を保つ数値で推移することが望ましいといえます。

(4) 成長性分析

a 売上高成長率・利益成長率

成長性は、会社がどれだけ伸びている状況かという指標です。例としては、売上高や利益の成長率等、過去から基準日時点までの成長率のほか、売上高研究開発費率など、将来成長するための投資の意味合いをもつ指標もあります。

過去から基準日時点までの成長率の代表的な例として、売上高成長率があげられます。売上高は企業活動の成果を表しており、経営合理化の可能性のある利益の上昇率よりも、企業規模の拡大という視点からの成長性指標として適しています。

また、売上高成長率に各段階利益成長率を加味することで、企業が真の意味で成長していることを確認します。企業規模が成長していても、利益を生まなければ、企業目的が達成できず、企業が成長しているとはいえないためです。

したがって、代表的な指標として、売上高成長率、営業利益成長率、経常利益成長率、当期純利益成長率があげられます。

b 売上高研究開発費率・教育研修費率

現在の成熟社会では、将来の成長は技術開発や優秀な人材によりもたらされます。そこで、売上高研究開発費率や売上高教育研修費率といった指標が、企業の成長可能性または成長への姿勢を表す代表的な指標として用いられます。

そのため、たとえ利益の成長率が小さくとも、これらの持続的な成長の布石となるような費用が増えていることが原因である場合もありますので、これらの指標も注意する必要があります。

(5) 連単倍率分析

これまでに紹介した分析指標は、個別財務諸表のみならず連結財務諸表にも用いることができます。ただし、中小企業は連結財務諸表を作成していないケースのほうが圧倒的に多いと思われますので、連結財務諸表の代表的な分析指標の紹介として、参考までに「連単倍率」を取り上げます。

連単倍率は、連結財務諸表の数値を個別財務諸表の同項目の数値で割ることで算定する指標であり、売上高や当期純利益、利益剰余金などを用いて算定します。各項目を利用した連単倍率の意味は、次のとおりです。

a　売上高

企業集団の多角化の進行度合いをみることができます。親子会社間の取引は連結グループでみると内部売上であるため、個別財務諸表では計上されますが、連結財務諸表では計上されません。したがって、垂直的グループで親子会社間取引が多い場合には、数値は低くなり（1に近づく）、逆に多角化が進んでいるグループで親子会社間取引が少ない場合には、子会社の売上高がほぼ追加され、連単倍率は大きくなります。

b　当期純利益

売上高連単倍率は、子会社の規模、つまり多角化の程度を表していましたが、当期純利益連単倍率は子会社の収益力を表します。これは、親会社が赤字の場合には連結数値が個別数値よりも小さくなり、黒字の場合には連結数値が個別数値よりも大きくなるということです。

数値が1より大きいと子会社が利益を稼いでいることがみてとれ、さらに

数値が大きくなるほど、子会社が利益を稼いでいることがわかります。

　c　利益剰余金

　当期純利益は当期の利益を表しますが、利益剰余金は過去の利益の蓄積を表しています。そのため、利益剰余金連単倍率により、子会社の過去の収益力の程度をみることができます。数値の見方は、当期純利益連単倍率と同様です。

第 5 章

事業計画個別分析

第5章 事業計画個別分析

第4章では、実績財務諸表の確認や事業計画の全体分析を通して、個別に確認する必要のある項目を洗い出しました。第5章では、見積損益計算書、見積貸借対照表、見積キャッシュ・フロー計算書の各項目ごとに、どのように分析すればよいかを記載しています。

1 見積損益計算書の作成

(1) 売上高

売上高予算は、販売計画をもとに作成します。まず売上高予算を策定してその後購買計画や生産計画、人員計画等に展開されるものであるため、販売計画はすべての計画の出発点となります。その点で、最も重要な計画といえますが、半面、事業計画の達成は顧客次第の面もあり、会社自身で能動的にコントロールすることが困難なものでもあります。

業種ごとに違いはありますが、計画を作成した段階で、売上高が合理的に算定されているかを見極めるポイントは、以下のような項目があります。

　a　経営環境を把握し、自社のビジネスに与える影響を勘案しているか

第2章で述べたとおり、自社の経営環境を適切に把握し、影響を勘案したうえで販売計画を策定することが必要となります。

たとえば、外部環境に関するものでは、市場自体が縮小しているにもかかわらず売上高成長率が右肩上がりとなっているのは、何か明確な理由がない限り単に希望的観測にすぎない計画となります。また、ターゲットとなる顧客層の想定が明確化されているか、競合他社の状況を把握したうえで、取り扱う商品・製品を決定し、店舗販売や通信販売などの販売ルートを明確化しているかなどを考慮する必要があります。

また、内部環境に関するものでは、自社が保有する経営資源の限度内での

計画であるか、たとえば、自社の生産能力を超えた売上高となっていないか、営業要員が限られているにもかかわらず限度を超えた売上高となっていないか等を確認する必要があります。

限度を超えた売上高予算は、予算を達成できないだけではなく、売れ残りの製品を抱えることとなり、その分在庫に資金が拘束されます。また、予算を達成するために与信状況の悪い相手先に販売すれば、後に回収不能債権を生じさせるリスクもあります。

b 単なるトップダウンの数値ではなく、積上計算を行っているか

一般的な経営者は、下記の算定例のように、まず目標利益や目標フリー・キャッシュ・フローを定め、それを達成するためにはどのくらいの売上高が必要かを目標営業利益率や目標キャッシュ・フロー・マージンで逆算し、計画値を策定します。いわゆる、第2章で説明したところのトップダウンでのアプローチです。業績の悪い会社が事業を継続するためにはいくらの売上高を計上すればよいかという観点は、会社の存続可能性に関する重要な視点であり、当然必要なものですが、それだけでは実現可能性を十分に判断するこ

図表5-1 売上高予算の算定例

利益による目標売上高の算定　　　　　　　　　　　　　　（単位：百万円）

目標営業利益(A)	目標営業利益率(B)	目標売上高(A)/(B)
60	6%	1,000

キャッシュ・フローによる目標売上高の算定　　　　　　　（単位：百万円）

目標FCF (a)※	予定設備投資金額(b)	目標営業CF (a)+(b)	目標キャッシュ・フロー・マージン(c)	目標売上高 ((a)+(b))/(c)
30	20	50	5%	1,000

※ FCF：フリー・キャッシュ・フローの略であり、ここでは営業CFと投資CFを合計したものとする。

第5章 事業計画個別分析

とができません。そこで、現場からの積み上げによって会社全体の利益を計算し、その数字をトップが検討して最終的な計画金額を確定させるという、トップダウンとボトムアップの両方のアプローチが必要となります。

具体的には、商品ごと、得意先ごとに細分化した計画を作成します。商品ごとであれば、企業が扱う商品ごとに、単価がいくらでどれくらい売れる予定なのか、具体的な積上計算をしていきます。

得意先ごとの計画は、既存顧客と新規顧客に分け、まずは既存顧客ごとに目標を立て、既存顧客の売上見込みの合計と予算の乖離を新規で穴埋めする

図表5－2　商品別販売計画

（単位：百万円）

	○1期実績		○2期計画		○3期計画		○4期計画	
	売上高	構成比	売上高	構成比	売上高	構成比	売上高	構成比
A商品売上	120	66.7%	130	66.7%	140	63.6%	140	60.9%
B商品売上	45	25.0%	50	25.6%	60	27.3%	65	28.3%
C商品売上	15	8.3%	10	5.1%	10	4.5%	10	4.3%
D商品売上	―	―	5	2.6%	10	4.5%	15	6.5%
合　計	180	100.0%	195	100.0%	220	100.0%	230	100.0%

図表5－3　顧客先別販売計画

（単位：百万円）

		○1期実績		○2期計画		○3期計画		○4期計画	
		売上高	構成比	売上高	構成比	売上高	構成比	売上高	構成比
既存顧客	X社	65	36.1%	65	33.3%	65	29.5%	70	30.4%
	Y社	45	25.0%	55	28.2%	65	29.5%	70	30.4%
	Z社	15	8.3%	20	10.3%	25	11.4%	25	10.9%
	その他	50	27.8%	50	25.6%	60	27.3%	60	26.1%
新規顧客		5	2.8%	5	2.6%	5	2.3%	5	2.2%
合　計		180	100.0%	195	100.0%	220	100.0%	230	100.0%

ことができるかが計画達成の大きな鍵となります。

　その際、大口顧客の動向を把握しておくことが必要です。店舗型の小売業などの一部の業種を除けば、大口顧客に売上の大きな割合を依存している会社は珍しくありません。特に、中小企業では、1、2社の得意先に依存しているケースも多くなっています。そのような場合は、大口顧客の動向が売上高の予測に大きな影響を与えます。たとえば、大口顧客の経営環境が好調な場合は受注が増加することが予測できますし、その逆もありえます。したがって、売上高の何割かを占めるような大口顧客が存在する場合は、大口顧客からの受注状況、大口顧客が置かれている経営環境や戦略を確認したうえで売上高を見積もっていることを確認します。

　大手企業の下請け企業などは特に気をつける必要があります。得意先が優良で安定しているという利点があるものの、大手企業との取引がなくなるようなことになれば、会社が倒産に追い込まれるという大きなリスクを内包しているといえます。

　　c　売上高に影響を与える要因ごとに分解して推計しているか

　業種にもよりますが、場合によっては、bのような積上計算で売上高を推測することは困難なこともあります。そこで、図表5－4のように、売上高を要因ごとに分解することによって、大局的にしか把握できなかった売上高の推測を、売上要因別に具体的に把握することができます。

　また、分解する要素を可能な限り細分化すると、より明確な分析が可能になります。たとえば、外食産業や小売業における客単価は一人当り購買点数×商品単価に細分化でき、客数は商圏人口×来店率×来客頻度に細分化できます。細分化することにより、売上高をアップさせるためには一人当り購買点数をあげるか、商品単価をあげるか、来店率をあげるか、来客頻度をあげればよいことがわかります。そして、どこを改善すればよいのか、どこが他店と比べて強いか弱いか、いちばん改善できる要因は何か、そのための施策

図表５－４　売上高の分解要素

業　種	分解要素
一般的な製造業	商品単価×市場規模×シェア
部品製造業、印刷業、運送業	設備の生産能力×稼働時間×設備数
スーパー、コンビニなどの店舗小売業	１坪当り売上高×売り場面積
	客単価×客数
外食、美容院、エステ	客単価×席数×回転数
コンサルティング業、清掃業	従業員の時間売上×契約時間×従業員数

は何かあるか、施策のコストはどれくらいかと、改善策を展開することが可能となります。

d　過去の実績数値と整合しているか

　計画策定のうえで最も重要な参考資料は、過去の実績です。売上高を推測する場合、過去の実績を参考にするケースが多いと思いますが、過去数値との比率を算出し、前期実績をそのまま当期予測としているのか、過去２～３年の平均値をとっているのか、昨年度の伸び率と一致させているのかを把握するとともに、見積もった前提と一致しているかを確認する必要があります。

　また、過年度実績には、たまたま大口の受注がとれた場合、またはその逆の場合等、一時的な異常値が含まれている場合があるので、それらは加減して当期の売上高予算数値を導き出す必要があります。ただし、この場合の異常であるかの判断は、過年度の傾向を加味し、慎重に行うことが必要です。

(2) 売上原価

　売上原価は、販売した商品または製品のために直接必要となった費用であ

り、具体的にどのような項目が売上原価となるかは、業種によってさまざまです。たとえば、小売業や卸売業であれば、仕入れた商品の購入にかかった費用であり、製造業であれば、売り上げた製品を製造するために必要となった材料費、労務費、経費の合計となります。

　売上原価予算は、販売計画から求められます。販売予定数量から、期首在庫量と期末予定在庫量を調整し、その期に生産または仕入れを行うべき数量を算定します。生産または仕入れを行うべき数量から、その期に必要な製造費用や仕入原価を算定し、期首と期末予定の在庫金額を調整し、売上原価を算定します。

　したがって、小売業や卸売業であれば、販売計画から、当期にいつどのくらい何を仕入れるべきであるかの購買計画が作成され、製造業であれば、販売計画から、いつどのくらい何を製造するかといった生産計画が作成されます。

　なお、売上原価予算が合理的に見積もられているかの確認には、以下のポイントがあります。

　　a　売上原価率は適切か

　まず、売上高に対する比率（売上原価率）が適切な比率となっているかを確認します。適切な売上原価率をどのように見積もるかは、基本的には過年度の実績から、見積もる期の経営環境を考慮して調整します。同業他社の売上原価率を参考にするのも一つの方法ではありますが、一部のサービス業やIT関連業など、売上原価と販管費をどこで線引きするのかあいまいな業種もあり、ある会社では売上原価に含まれている費用でも、別の会社では売上原価に含まれず販管費に含まれている場合もあるため注意が必要です。

　また、複数の業種を営んでいる企業や、また単一業種でも商品や顧客によって売値を変えている企業などは、業種、商品、顧客ごとの売上原価率が適正なものとなっているかを確認する必要があります。

b 変動費、固定費分類を行い、過年度の変動費率と整合しているか

第3章の事業計画全体分析で述べたとおり、事業計画策定の分析においては、費用は変動費、固定費に分けて検討することが必要です。売上原価における代表的な変動費、固定費の区分は、図表5－5のとおりです。

図表5－5　変動費・固定費の区分

	変動費 （＝売上高、売上数量に比例して増減する費用）	固定費 （＝売上金額に関係なく一定の額だけかかる費用）
材料費	すべて	－
労務費	アルバイト、パートタイマーに関する費用（給与、法定福利費、通勤交通費など）	社員に関する費用（給与、賞与、法定福利費、通勤交通費など）
経　費	外注加工費、消耗品費、修繕費	減価償却費

　この区分は一例にすぎず、会社によっては、たとえば消耗品費は売上や生産に応じて発生しない固定費であることもあり、また、アルバイト・パートタイマーの労務費は、雇用が繁閑にかかわらず定期就労の場合は固定費となります。修繕費は、たとえば機械の修繕費用は変動費で工場建物の修繕費用は固定費である会社もあるでしょう。また、電気料金や電話料金は、基本料金があって、使った分に応じて従量的に費用が増えていきます。このような費用は、変動費部分と固定費部分のどちらが大きいのかを確認し、変動部分が大きければ変動費、固定部分が大きければ固定費としてみなしてもよいでしょう。

　いずれにせよ、留意すべきことは、あまり厳密に分類しようとせず、金額が大きいものの分類さえ適切に行っていれば問題はありません。

　ただ、生産高と売上高は期首在庫と期末在庫の差だけ一致しないため、売

上原価の分析においては、在庫金額を変動費・固定費に分解し、その分を調整する必要があります。

また、費用の発生態様の異なる複数の製品がある場合は、製品ごとに分析を行うべきです。

その後、図表5－6のように、売上高比が変動費率となるため、過去の実績と比較します。これで、売上高比で前期と乖離があれば、合理的な理由の有無を確認します。

図表5－6　製造原価・変動費率の分析

(単位：百万円)

	○1期実績		○2期計画		増減理由
	金額	売上高比	金額	売上高比	
売上高	180	100.0%	195	100.0%	
変動材料費	30	16.7%	40	20.5%	材料費高騰により上昇を見込んでいる。
変動労務費	16	8.9%	17	8.9%	特段の理由がないため、前期と同程度の比率と見込んでいる。
変動経費	25	13.9%	16	8.2%	前期は外注に出していた作業を当期は正社員で内製することとしたため下落を見込んでいる。

(3) 人件費

人件費予算は人員計画をもとに作成します。人件費は、大きく分けて、製造業であれば工場で就労し製品の製造に携わり、サービス業であれば直接サービスを行う人員の費用と、店舗や本社等で就労し販売または管理活動に携わる人員の費用の二つに分けることができます。

前者は売上原価、後者は販売費および一般管理費で計上されますが、通常、費用のうち最も大きな割合を構成し、重要度が高いため、売上原価予算や販管費予算とは別建てして計画を策定します。

　a　人員計画と整合しているか

まず、図表5－7のような人員計画が人件費予算の根拠となる計画となります。

人員計画は、販売数量または生産数量により、直接製造や販売に携わる直接人員が決まり、直接人員の規模に応じて、本社での総務・経理などの間接人員も増減します。

人件費の主な科目は、役員報酬、給与手当、雑給、賞与、退職金、法定福利費、福利厚生費などがあります。このうち、給与手当は正社員への給与や

図表5－7　人員計画

(単位：人)

部門	人員予測	○1期実績	○2期計画	○3期計画	○4期計画
役員	3名で今のところ今後の増加予定はない。	3	3	3	3
製造部門	○1期実績は正社員10名、パート7名。毎年1名正社員を採用し、パートは需要増加を見込み1.5名ずつ増加する予定である。パートの人数は正社員の年間平均労働時間を基準に換算する。	17	19.5	21	23.5
営業部門	需要が増加する見込みで、毎年1名ずつ増員の予定である。	7	8	9	10
総務経理部門	1名で今のところ増加の予定はない。	1	1	1	1
合計		28	31.5	34	37.5

残業手当、役職手当等であり、雑給はパートやアルバイトへの報酬です。また、法定福利費は、法律によって使用者に負担が義務づけられている費用であり、具体的には健康保険料、介護保険料、厚生年金保険料、労働保険料、児童手当拠出金等があります。

人件費が適切に見積もられていることの確認は、まず、当期の退職予定者や採用人員数を見込んだ人員計画において、役員、社員、パート・アルバイト等ごとに予定人員数を把握します。人件費は、従業員をいったん雇用すれば簡単に解雇することは困難であり、また通常の場合は給与水準もある程度決まっていることが多いため、人員数をつかめれば、かなり精緻な見積りが可能となります。

　b　人件費分析の結果は整合しているか

図表5－8は、分析の一例です。

まず、役員報酬、給与手当、賞与、雑給の一人当り金額を算出し、過年度の実績と比べて異常な値となっていないかを確認します。その際、パート・アルバイトの人員数は、正社員の年間平均労働時間を基準に換算します。たとえば、人員計画でのパート・アルバイト全員の年間予定時間数の合計が13,500時間だとすれば、以下のように換算されます。

13,500時間÷(正社員の年間就労日数260日×平均労働時間8時間)＝6.5人

賞与に関しては、あらかじめ支給月数が決まっていることも少なくありません。そのような場合は、給与の何カ月分が計画されているのか、年間給与を基準にして算定します。

図表5－8の計画だと、かりに賞与支給月数が給与の3.0カ月分と決まっているのであれば、賞与の計画の22百万円と給与手当の計画の88百万円は整合しており、問題ないことがわかります（88百万円×3.0カ月／12カ月＝22百万円）。

また、法定福利費は、たとえば健康保険料や厚生年金保険料であれば、標準報酬月額に料率を乗じて算定され、労働保険料のうち雇用保険料は総支給額に料率を乗じて算定されるなど、微妙な違いがあります。また、図表5－8の例で雑給は算定の対象となっていませんが、労働時間が一定以上であれば、パートやアルバイトでも法定福利費を会社が負担する必要があります。

図表5－8　人件費の分析

(金額単位：百万円)

		○1期実績	○2期計画
役員報酬	(A)金額	24.0	24.0
	(B)平均人数	3人	3人
	(A)/(B)一人当り報酬	8.0	8.0
給与手当	(C)金額	78.6	88.0
	(D)平均人数	20人	22人
	(E)=(C)/(D)一人当り報酬	3.9	4.0
賞　与	(F)金額	19.5	22.0
	(D)平均人数	20人	22人
	(H)=(F)/(D)一人当り賞与	1.0	1.0
	(H)/(E)＊12支給月数	3.0カ月	3.0カ月
雑　給	(I)金額	9.1	12.0
	(J)平均人数	5人	6.5人
	(I)/(J)一人当り報酬	1.8	1.8
法定福利費	(K)金額	19.4	20.1
	(L)=(A)+(C)+(F)+(I)金額合計	131.2	134.0
	(K)/(L)比率	14.8%	15.0%

（注）　賞与は従業員のみに支払われる前提である。

加えて、年度や業種で料率も異なり、一概にはいえませんが、現状では給料や賞与総額の約15％と見積もれば大きく乖離することはないと考えられます。

(4) 設備投資

会社は、事業計画の一部として、図表5－9のような設備投資の予定を記載した設備投資計画を作成します。

基本的には設備投資は会社にとって重要であるものですが、特に製造業においては、会社が販売する製品を生産するための設備投資は非常に重要に

図表5－9　設備投資計画

投資項目	○1期実績		○2期計画		○3期計画		○4期計画	
	金額	摘要	金額	摘要	金額	摘要	金額	摘要
建物増築			30百万円	借入れ 耐用年数 25年 8月予定				
甲機械装置	8百万円	割賦支払 耐用年数 8年 6月供用開始						
乙機械装置					6百万円	一括支払 8年 3月予定		
車両							5百万円	リース リース期間6年 8月予定
会計用ソフトウェア					2百万円	リース リース期間5年 4月予定		

第5章 事業計画個別分析

なってきます。設備投資には、土地や建物、機械装置などの有形固定資産の取得や、ソフトウェアなどの無形固定資産の取得があげられます。また、店舗型の小売業においても、新規出店のために土地建物等の設備投資が重要となります。

一般的には金額が大きいことから、リスクも大きく、会社にとって重要な意思決定として、長期にわたる計画が不可欠となります。ただ、昨今は、製造業であっても自社で工場をもたないファブレスメーカーなど、多様な形態があり、業種や会社によっては重要性が乏しい場合もあります。設備投資に重要性が乏しい場合には特に考慮する必要はありません。

設備投資予算が合理的に見積もられているかの確認をする際には、次のようなポイントがあります。

a　設備投資の目的は明確か

設備投資の目的は、「既存設備の代替投資」「既存設備の維持補修のため」「製品増産への対応」「効率化・省力化」「製品の品質向上」「新製品の生産」「新規事業への進出」「新技術の開発」等、さまざまあります。まずは目的を把握することで、投資する設備の規模は適切か、無駄な投資ではないか、今すぐに必要不可欠な投資なのか、場合によっては延期することも可能なのか、等の投資判断に関する情報がわかります。

b　設備投資の採算を検討しているか

設備投資を行う際は多大な資金が必要であり、企業にとって非常に重要な意思決定です。当然ながら、最も重要なのは採算面の評価です。新たな設備を導入することによって、生産能力をあげて売上を増加させようとしているのか、費用を削減して今よりも低コスト化しようとしているのか、いずれにせよ投資に見合うリターンを確保できるかが重要となります。設備投資計画の採算を計算する方法としては、以下のような複数の方法があげられます。

①正味現在価値法（NPV法）

会社の資本コストを割引率として、その投資から得られる将来キャッシュ・フローの割引現在価値の合計と初期投資金額を比較する方法です。

設備投資の正味現在価値＝将来CFの割引現在価値－初期投資額

となり、これがプラスであれば、投資すべき案件となります。

資本コストとは、企業の資金調達に必要なコストです。資金調達は株主資本と第三者からの借入れである他人資本の2種類から構成されますので、資本コストは株主資本コストと他人資本コストの加重平均値として算定されることになります。他人資本コストは借入利率等で明示されていますが、株主資本コストは株主が期待するリターンなので明示はされていません。通常、株主資本は他人資本よりも高いリスクを負担していますので、株主資本コストは他人資本コストよりも高くなります。

②内部利益率法（IRR法）

将来キャッシュ・フローの割引現在価値合計と、初期投資額が等しくなるような割引率（内部利益率）を求める方法です。複数の投資案件があった場合、大きいほうを採用することになります。また、内部利益率が資本コストを上回れば、投資すべき案件となります。①の正味現在価値法と同様、貨幣の時間的価値を考慮する方法です。

③回収期間法

投資額を、その投資によって得られるキャッシュ・フローの平均値で割ることで、投資資金の回収期間を求める方法です。つまり、初期投資を何年で回収できるかを見積もる方法です。簡便的な方法ではありますが、投資回収のための最低限の目安とすることができます。

④投資利益率法

投資によって得られる利益を初期投資額で割って、利益率を求める方法です。③と同様、貨幣の時間的価値を考慮しない方法です。そのため、長期案

第5章 事業計画個別分析

件になるほどよりよい数値が算出される傾向にあります。

　このようにさまざまな方法がありますが、どのような方法を使うにしても、将来の利益またはキャッシュ・フローの見積りを必要とします。しかしながら、昨今のリーマンショックや欧州債務危機にみられるように、不安定な経営環境のなかでは、将来数値を予測することが困難という問題点があります。したがって、利益やキャッシュ・フローを予測する際は、通常のケースや最悪のケースなど、複数のケースを考慮して見積もることが望ましいと

図表5－10　正味現在価値法

(単位：百万円)

	投資時点	1年後	2年後	3年後	4年後	5年後
投資額	100					
(A)売上高		40	80	120	120	120
(B)変動比率		50%	50%	50%	50%	50%
(C)=(A)*(B) 変動費		20	40	60	60	60
(D)固定費		10	10	10	10	10
(E)減価償却費		20	20	20	20	20
(F)=(A)－(C)－(D)－(E) 税引前利益（マイナスの場合ゼロ）		0	10	30	30	30
(G)税率		40%	40%	40%	40%	40%
(H)=(F)*(G) 税引後利益		0	6	18	18	18
(I)=(E)+(H) キャッシュインフロー		20	26	38	38	38
(I)/1.1のn乗（年数）割引現在価値	－100	18	21	29	26	24

いえます。

　初期投資額10億円、会社の資本コスト10％、耐用年数５年の機械設備の投資の採算性評価を単純な一例でみてみます。
　図表５－10の例では、

設備投資の正味現在価値＝－100＋18＋21＋29＋26＋24で18

となり、投資すべき案件となります。

──将来CFの見積方法──

　まずは、投資によって増加する収益である売上高の増加額を算定します。売上高の増加は、その設備を導入したことによって増加した販売高に、予想販売単価を乗じたものになります。販売高、販売単価ともに、その製品の需要予測を加味して算定します。
　次に、投資によって増加する費用を算定します。具体的には、直接材料費や外注加工費、運送費などの変動費の見込みを合計して変動費率を見積もり、売上高に乗じて算定します。また、売上高の増加に伴い、新たに社員を採用するのであれば、その分固定費が増加することになります。逆に、設備を導入することにより、生産性が上昇し人員削減ができるのであれば、その費用削減も考慮する必要があります。
　その他、減価償却費は新設備の分が増加するため、費用を増加させる必要がありますが、減価償却方法は会社が会計方針として決めるものであるため、定額法か定率法かを確認して見積もります。最後に、税引前利益より税金を見積もり、税引後利益を算定します。なお、減価償却費はキャッシュアウトを伴わない費用であり、キャッシュ・フローを算定する際は、あらためて利益に加えることになります。

　ｃ　設備投資資金の調達方法を検討しており、事業計画に織り込まれているか

　設備投資は長期にわたり使用され、回収されるものです。一方で、投資資金は事前に調達が必要であり、資金調達方法も購入時に決定する必要があります。自前の現金でまかなうのか、増資してまかなうのか、金融機関から借

り入れるのか、割賦購入するのか、リースにするのか等の選択が求められます。これらが、見積貸借対照表、見積損益計算書および見積キャッシュ・フロー計算書に正しく反映されているかを確認する必要があります。

　資金調達方法のうち、最も望ましいのは増資です。増資は、返済義務がないため、新規事業への投資など、思いきった投資が可能となります。ただ、引受先をみつけるのが容易ではなく、また経営に介入されるおそれがあるため、経営者および安定株主の出資比率を考慮する必要があります。一方、他人資本からの借入れは、利息の支払負担と元本の返済義務があるため、先行きが不明な投資に対して使用する場合、増資よりもリスクがある調達方法といえます。

　なお、借入れの一形態とも考えられるリース契約と割賦購入とは、分割で

図表5－11　リース契約と割賦購入の相違点

方法	リース契約	割賦購入
所有権	リース期間中はリース会社にある	代金完済後、購入会社に所有権が移転される
中途解約	解約の際はリース料の残額相当の違約金を支払うため、原則不可	売買契約のため、不可
固定資産税や保険料の支払等の事務処理	リース会社が行う	購入会社が行う
会計処理	原則資産計上だが、中小企業の場合は賃貸借処理も認められる 賃貸借処理の場合、リース期間中は支払リース料として費用処理される	通常の資産と同様、資産計上し、耐用年数にわたって減価償却費として費用処理される
契約終了時または代金完済時	リース会社に返還するか、再リースもしくは買取り	購入会社に所有権が移転される

支払う点で特徴が類似していますが、図表5-11のとおり違いがあります。なお、リースはリース会社がリース期間中に設備購入代金と取引に要した諸費用のおおむね全部を会社が支払うリース料で回収することを意図するファイナンス・リースを前提としています。

　　d　関連する損益項目は適切に算定されているか

　設備関連費用には、減価償却費、賃借料、支払リース料、修繕費、固定資産税についての租税公課などがあります。これらのうち、毎年同額発生すると予想されるものは前年実績と比較して適切に見積もられているかを確認しますが、特に定率法を採用している資産の減価償却費は、毎年逓減していきますので、前年実績と同額にはなりません。

　減価償却費の概算での見積方法として、定額法の資産は、取得価額に平均償却率を乗じて算定し、また、定率法の資産は、期首簿価に平均償却率を乗じて算定し、さらに設備投資計画での新規取得資産や除却予定資産などの期中増減分も考慮したうえで、会社が見積もった減価償却費と近似しているかを確認します。

　平均償却率は、会社の固定資産台帳を確認し、資産の金額ごとに加重平均した率を使用するとより適切な見積りとなりますが、手間がかかるため、最も多額な資産についての償却率を使用するなどの簡便的な方法も考えられます。

(5) 販管費、営業外損益

　　a　販管費

　販管費は、販売費および一般管理費の略であり、これら二つの費用から構成されます。販売費とは、製商品の販売活動に要した費用であり、おもなのでは広告宣伝費、販売手数料、営業マンの人件費等が該当します。一方、

一般管理費とは、本社の一般管理業務に発生した費用であり、おもなものでは減価償却費、交際費、本社間接部門の人件費等が該当します。

販管費も、売上原価と同様、変動費と固定費に分解して分析する必要があります。ただ、販管費の多くは固定費であり、変動費は歩合制の販売員の人件費や、販売した製商品の運送費、販売手数料等に限られます。売上原価と同様、図表5－12のように変動費率を前期実績と比較して確認しますが、費用の発生態様の異なる複数の製品がある場合は、製品ごとに分析を行います。

図表5－12　販管費・変動費率の分析

（単位：百万円）

	○1期実績		○2期計画		増減理由
	金　額	売上高比	金　額	売上高比	
売上高	180	100.0%	195	100.0%	
販売手数料	18	10.0%	23	11.8%	海外進出に伴い、手数料率が上がる見込みである。
運送費その他	10	5.6%	11	5.6%	特段の理由がないため、前期と同程度の比率と見込んでいる。

次に、固定費では、一般的に、間接部門の人件費と減価償却費が特に金額が大きいものとなりますが、すでに人件費と設備投資計画の項でみてきているので、ここではそれらを除く重要な費用をみていきます。

それ以外の経費について重要と考えられるものは、広告宣伝費や販促費など、売上げを増加させる効果があると考えられる費用です。これらの費用は企業の裁量次第で金額を決定することができますが、特にBtoCビジネスの場合は、新聞や雑誌、インターネットなどの広告媒体等での宣伝が売上高の予算達成に重要な役割を果たすことがあるため、予算上適切に計上されていることを確認します。

それ以外の経費については、基本的にこれまでの実績を参考にして、どの程度必要となるかの概算を積み上げます。

b　営業外特別損益

営業外予算においては、重要な科目は借入金の支払利息です。資金計画で借入金の残高を検討した後、借入金利息を算定することが可能となるため、金融機関ごとの借入金リストを入手し、適切に利息金額が見込まれていることを確認します。支払利息が大きい場合は個々に借入金利を確認し、水準に比べて高い金利である場合は、必要があれば計画上で借換えが可能かを検討します。また、海外への輸出入が大きい会社は、為替差損益も影響が大きい項目の一つですが、現時点では計画に織り込むことはできません。

その他、特別損益項目については、設備の更新等で廃棄損等の計上が予定されているものがあれば、設備投資計画と整合して計上されているかどうかを確認します。また、投資有価証券を売却する予定であるなどの特殊な事情があれば、織り込んで計上されているかどうか確認します。特に事情がない場合、計画上ではゼロとします。

c　法人税等

法人税等（法人税、住民税、外形標準課税を除く事業税）については、多額の税務調整がない限り、予算上は税引前当期純利益に実行税率を乗じて算定します。実行税率は地域や会社規模によって異なりますが、40％程度となります。ただし、税効果会計を適用しない前提だと、多額の繰越欠損金がある会社は課税所得が発生しないため、税金負担額はゼロとなりますが、資本金が1億円超の大法人等は、欠損金の繰越控除の制限があるため注意が必要です。この場合、外形標準課税の負担もありますので、その分は租税公課として販管費予算に組み込まれているか確認が必要です。

2　見積損益計算書の月次への展開

　これで年間の見積損益計算書の分析が完了したことになります。しかし、年間予算達成のためには、業績の進捗状況を定期的に把握し、その都度対応策を講じることが必要であり、月次での進捗管理および月次予算との比較が不可欠です。これらを行うことにより、「事業計画の策定」→「事業計画の実行」→「月次での予算と実績の差異の把握・原因分析、分析結果に基づく対応策の検討」→「対応策の実行」というPDCAサイクルの実現が可能となり、年間予算達成につながることになります。

　月次への展開方法としては、売上高に関しては、販売計画をもとに季節性があればそれを見込み、年間を通して平準化している場合は12で割り1カ月当りの売上高を見積もります。これには、過年度の売上月構成比も参考にします。

　売上原価および販管費に関しては、変動費はその月の売上高または売上数量と比例させ、固定費である人件費については採用予定者、退職予定者について人員計画と、減価償却費については新規設備の稼働時期から増加させるように設備投資計画と整合させます。

3　見積貸借対照表の作成

　これまでは、年間ベースの損益計画を検証しました。事業計画の策定上、簡便的に損益計画と資金繰り計画しか作成していないこともあるかもしれませんが、数カ月から数年先の資金繰りの状況を把握するため、見積キャッシュ・フロー計算書または資金繰り計画表を作成する際、貸借対照表項目の金額を把握しないまま、損益計画と整合した見積キャッシュ・フロー計算書や資金繰り計画表をつくることはできません。なぜなら、損益と資金収支と

の間には差異が生じており、その差異は貸借対照表に集約されるためです。

　たとえば、当期に売上を計上したけれども、それに対応する売上債権の回収が翌期以降になる場合、その部分は売上債権の増加というかたちで貸借対照表上に表されます。一方、当期に費用は計上していないが、それに対応する資金支出は当期に生じている場合、仕入債務や未払金の減少、または在庫の増加といったかたちで貸借対照表上に表されます。

　したがって、変動がある貸借対照表項目については、下記のような方法で見積もり、実際に会社が行った見積金額と比較することで、大きな差異がないことを確認することが必要です。

(1) 売上債権

　売上債権は、受取手形と売掛金が含まれます。売上債権金額の見積りは、売上高を計上してから債権回収までの期間を算定し、売上高予算を基に見積もります。債権回収までの期間は、大口の相手先で入金条件等の変更がなければ、前期実績を基に売上債権回転期間を算定し、見積もることになります。当然、回収までの期間は短いほうが早く現金化できるため、売上債権回転期間は短いにこしたことはありませんが、実務上は業界の慣行等で決まっていることが多くなっています。したがって、業界平均と比べて著しい乖離がなければ、前年実績の回転期間と同水準と仮定してかまいません。

　ただし、たとえば期末月付近に売上が集中する業種などは、回転期間が異常に高くなるため、売上債権回転期間の算定で使用する売上高は、年間の月平均残高で算定するのではなく、期末月付近の売上高で算定したほうが適切となります。

(2) 棚卸資産

　棚卸資産は、商品、製品、仕掛品、原材料、貯蔵品等が含まれます。棚卸資産の金額の見積りは、棚卸資産を仕入れてから、または製造してから販売

によって現金化されるまでの期間の見積りを基礎に行います。これも、特に状況の変化がなければ、前期実績を基に棚卸資産回転期間を見積もり、計画の売上高から算定します。売上債権同様、棚卸資産回転期間も短いほうが資金繰りにとって望ましいものの、在庫を抱えるのを極力抑えようとすると、販売の機会を逸してしまうこともあるため、適正在庫を考えて計画する必要があります。

(3) 仕入債務

仕入債務は、支払手形と買掛金が含まれます。こちらも、売上債権や棚卸資産と同様の考え方で仕入債務回転期間を算出して見積もりますが、当然、支払うまでの期間のため、売上債権や棚卸資産とは逆に、長ければ長いほど会社にとっては有利です。ただ、これも業界の慣行等で決まっていることが多く、業界平均と比べて著しい乖離がなければ、前年実績の支払期間と同水準と仮定してかまいません。

(4) 有形・無形固定資産

有形固定資産は、土地、建物、機械装置や器具備品等が含まれます。また、無形固定資産は、ソフトウエア、のれんや商標権等が含まれます。土地などの非償却資産については、前期末残高から新規取得予定や除却、売却予定のものがあればそれらを増減させて貸借対照表残高を算定していることを確認します。また、償却資産については、新規取得または除売却を増減させた後さらに減価償却費分を差し引いていることを確認します（本章1(4)設備投資のd（83ページ））。のれんについては、M&A等の予定がなければ、償却のみが反映されていることを確認します。

(5) 投資その他の資産

投資その他の資産は、おもなもので投資有価証券、貸付金、敷金保証金等

が含まれます。投資有価証券については、取得、売却する予定や、子会社を設立するために出資する予定など、個別の事情があれば考慮しているか確認します。貸付金は、多額の相手先があれば貸付金返済スケジュールを入手して、それが反映されているか、敷金保証金については、今後移転を検討している賃借物件の本社や営業所等があれば、返還と新規差入れを増減させているかを確認します。返還の際は原状回復費用が差し引かれますので、これに関しても留意が必要です。

(6) 借入金

借入金は、商取引において経常的に発生する運転資金としてのものと、設備投資に必要な資金をまかなうものとの2種類に分類されます。いずれも、資金計画から作成します。設備投資に必要な資金につき、借入金でまかなう予定なのか、割賦購入の予定なのかは、設備投資計画と整合していることを確認し、前期末残高から新規借入れ、返済予定を増減させて貸借対照表残高となっていることを確認します。

(7) その他資産、負債

その他、未払法人税等は、損益計算で算出した法人税等の金額から中間納付額を差し引いた金額を未払法人税等とします。また、未払消費税等は、見積もった売上高、仕入高、販管費、営業外損益項目から課税対象となる費用を抜き出し、また重要な設備投資が予定されていれば、それに係る消費税額も考慮して算出します。その他の資産負債については、重要な動きが予定されていれば考慮しますが、毎期、恒常的に発生するものは、前期の金額が計上されていれば特に問題とする必要はありません。

(8) 純資産項目

増資等が予定されていれば、資本金が増加していることを確認します。ま

た、利益剰余金については、配当等の利益処分が減額され、見積損益計算書の当期純利益が増額されていることを確認します。

(9) 現金預金

最後に、現金預金は貸借対照表の借方と貸方の差額で算出します。この結果、現金預金残高がマイナスになっているようなことがあれば、資金がショートしており資金調達が必要ということなので、資金計画の見直しが必要となります。

4 見積キャッシュ・フロー計算書の作成

見積キャッシュ・フロー計算書の作成は、事業計画作成のためには重要な作業になります。

(1) 資金計画とは

得意先や仕入先との取引において、信用取引が常態化し取引形態が複雑化した現在において、損益計算における利益と実際の資金の入出金は一致せず、時間的なズレが生じています。したがって、損益計算において利益が出ていても、それが直ちに手元に余剰資金があることを意味しません。いわゆる、「勘定合って銭足らず」の黒字倒産のようなことがありうるため、損益計算に加えて、資金計画も策定する必要性があることになります。

資金計画は、資金ショートを起こさないよう、必要なときに必要な金額を可能な限り低コストで調達し、会社にとって有効と考えられる先に資金を投入し、手元には必要な資金だけを残しておくための計画です。そのためには、会社の売上代金回収と仕入代金支払のズレにより生じる運転資金は短期借入金等の短期の資金調達でまかない、設備投資資金などの回収が長期にわたる資金は長期借入金等の長期の資金調達でまかなうのが望ましいといえま

す。

(2) 見積キャッシュ・フロー計算書の分析

　これまで会社が資金を管理する表は、「資金繰り表」「資金収支表」「資金移動表」など、さまざまな種類のものがありましたが、定型のフォームは決まっていませんでした。しかし、上場会社においてキャッシュ・フロー計算書の作成が義務づけられ、貸借対照表や損益計算書と同様、基本財務諸表の一部として位置づけられることになりました。上場会社においては、作成の容易さからそのほとんどが間接法のキャッシュ・フロー計算書を採用しているため、ここでも、間接法による作成を前提として、キャッシュ・フロー計算書による資金の管理を確認します。

　なお、決算では営業活動や投資活動、財務活動の中身を詳細に分解して作成しますが、事業計画の段階ではそれほど細かく作成する必要はありません。各活動の合計値を正しく見積もることができていれば、特に問題はないと考えられます。

a　営業活動によるキャッシュ・フロー

　営業活動によるキャッシュ・フローは、会社の本業から生じた資金の増減を表したものです。営業活動によるキャッシュ・フローがマイナスになると、事業活動を継続するために必要な資金を本業から稼ぐことができていないことを意味します。計算は、まず税引前利益からスタートします。その後の主な調整項目は、以下のとおりです。

①非資金損益項目

　減価償却費やのれん償却額、引当金の増減等が該当し、見積損益計算書や見積貸借対照表と整合しているかを確認します。これらは、損益計算書上では費用として計上されますが、キャッシュの流出を伴うものではないため、その金額は税引前利益にプラスします。

②投資、財務活動に係るP/L項目

投資有価証券売却損益、固定資産売却損益、株式交付費などの投資、財務活動に係るP/L項目が該当します。これらは、営業活動ではないが、税引前利益には反映されているので、影響を戻すことが必要となります。事業計画上の見積損益計算書上で、このような項目があれば加減が必要です。

③運転資金の増減

運転資金とは、売上債権と棚卸資産の合計から仕入債務の金額を差し引いたものです。これらは、営業活動によるキャッシュ・フローに大きな影響を与えます。なぜなら、売上債権や棚卸資産が増加するということは、売上金の回収や販売までの間、現金がこれらの資産に投下され拘束されることを意味し、逆に、仕入債務が増加するということは、仕入から支払までの間に仕入先から資金を借り入れていることと同様の意味をもつためです。

運転資金の増減は、見積貸借対照表と整合しているかを確認します。

④法人税等の支払額

最後に、営業活動によるキャッシュ・フローの試算のスタートが税引前利益のため、法人税等の支払額を差し引きます。外形標準課税や固定資産税等は、すでに税引前利益に織り込まれているため、考慮は不要です。通常、前期末の貸借対照表に計上されている未払法人税等の金額のうち、外形標準課税を除いた金額が確定納付として支払われる法人税等の支払額となります。

b 投資活動によるキャッシュ・フロー

投資活動によるキャッシュ・フローは、会社が将来の収益獲得や資金運用の効率化のためにどれくらいの資金を支出または回収しているかを表したものです。おもな項目としては、有形、無形固定資産、投資有価証券の取得、売却、敷金の差入れ、返還等による資金の増減があります。このうち、毎期経常的に発生する見込みがあるのは、設備投資による支出ですので、設備投資計画と整合していることを確認します。

c 財務活動によるキャッシュ・フロー

財務活動によるキャッシュ・フローは、営業活動や投資活動を行うために、どの程度の資金を調達または返済しているかを表したものです。おもな項目としては、借入金の新規借入れ、返済や配当の支払による資金の増減があります。このうち、経常的に発生すると思われるのは、借入金の新規借入れ、返済による資金の増減です。これは、借入金返済計画と整合していることを確認します。

各段階キャッシュ・フローと合わせ、貸借対照表とキャッシュ・フロー計算書との関係を図で表すと、図表5-13のようにとらえることができます。

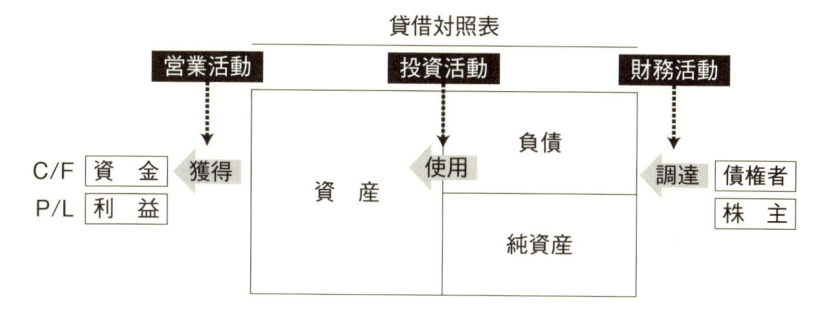

図表5-13　B/SとC/Fとの関係図

d　フリー・キャッシュ・フロー（FCF）

FCFにはさまざまな定義がありますが、一般的には営業活動によるキャッシュ・フローと投資活動によるキャッシュ・フローを合計した金額です。典型的なケースでは、営業活動はプラスであり、投資活動はマイナスになります。そのため、FCFは、その期の営業活動で得た資金から、将来の収益獲得のために投資した資金を差し引き、資金調達者に対して、借入金の返済や

配当金の支払がいくらまで可能かという金額を意味します。

　FCFがマイナスになると、営業活動で投資がまかなえず、さらなる資金調達が必要となるため、設備投資などの投資活動による支出を営業活動から獲得した収入に抑えようとすることもあります。しかし、営業活動でも稼ぐことができているのにそれ以上に投資活動が多く、結果的にFCFがマイナスになっていることは、必ずしも悪いことではありません。特に成長期にある企業については、成長に貪欲な企業ほど、営業活動から獲得した資金以上の資金で、リスクをとって将来への投資を行っていることが多くみられます。FCFをみることで企業の成熟段階を推測することも可能となってきます。

5　月次資金繰り表の作成

　最後に、月次で資金繰りを管理するため、月次単位で資金繰り表が適切に作成されていることを確認します。実務上は、資金の動きの明瞭性から、月次や日次単位の資金繰り管理は資金繰り表で行うケースが多いと思いますが、月次キャッシュ・フロー計算書（間接法）で資金繰り管理を行うことも可能です。

　月次へ展開する理由は、年次単位だけでは、期初と期末では資金繰りに問題なくとも、期中に資金が不足する可能性があり、それを防止するために月次単位で進捗管理を行い、資金がショートしないか確認するためです。また、必要に応じて日次単位でも作成します。

　月次資金繰り表ではなく月次単位の見積キャッシュ・フロー計算書で資金繰りを管理する場合、基本的には年次単位と作成方法は変わりません。月次見積損益計算書の税引前利益からスタートし、調整が必要となる項目を記載して作成します。特に、運転資金の増減に関しては、売上高や仕入高が月ごとに平準化している企業は、毎月同額が計上されているとしても問題ありま

せんが、売上に季節性があって大きく変動するような会社は、一時的に多額の売上債権および棚卸資産の増加が起こるおそれがあるため、それが適切に反映されていることを確認します。

第6章 事業計画改善の手法

第6章 事業計画改善の手法

　前章までは、事業計画が根拠のある基礎資料から作成され、実現可能なものとなっているかの分析方法をみてきました。しかし、計画段階では実現可能であっても、実際には会社が思うような利益をあげることができない場合も多々あります。

　この章では、事業計画を実現可能にするための改善策は何があるかをみていきます。事業を改善する手法は、究極的には売上の拡大、費用の削減、財務体質の強化の三つに集約されます。

1 売上の拡大

　デフレや円高、景気低迷が続くなか、売上の拡大は中小企業だけでなくすべての企業において最も重要な経営課題となっています。業績不振の続く企業に対し、貸付条件の変更等で一時的に借入金の返済を先延ばししたとしても、売上が伸びなければ企業を延命させているにすぎず、事業の存続という面で、売上の拡大は必要不可欠なものです。

　一方で、費用の削減は企業自身でコントロール可能なことが多く、努力次第で結果が伴いやすいものですが、売上の拡大は自らの努力が必ずしも結果に反映するとは限らないものであるため、取組みは容易ではありません。

　そのような状況下で、金融庁が2012年5月に改正した「中小企業者等に対する金融の円滑化を図るための臨時措置に関する法律に基づく金融監督に関する指針（コンサルティング機能の発揮にあたり金融機関が果たすべき具体的な役割）」（以下、監督指針）において、経営改善が必要な債務者については、金融機関の支援策として、ビジネスマッチングや産学官連携による技術開発支援による新たな販路の獲得が例示されました。これらについて、内容および金融機関の取組みの現状をみていきます。

(1) ビジネスマッチング

a　ビジネスマッチングとは

　ビジネスマッチングとは、中小企業の事業展開を支援する目的で、企業が販売先、仕入先、提携先等のビジネスパートナーと出会うことのできる機会を提供するサービスです。このように、出会う相手は販売先に限るものではありませんが、最も多いのは売上に結びつく販路開拓です。中小企業が金融機関に期待する経営支援のなかで最も高い割合を占めており、ビジネスマッチングによる販売先開拓支援は、金融機関が発揮すべきコンサルティング機能のうち最も重視すべきものといえます。近年、コンサルタント会社のサービス機能として、ビジネスマッチングを定期的に開催することなどが行われています。

b　金融機関による現状の取組み

　金融機関によるビジネスマッチングの形態としては、自行での取引先同士を直接結びつける方法、自行単独で商談会等を開催する方法、他の金融機関や商工会議所等の支援機関と連携して商談会等を開催する方法等があります。

　まず、自行内での取引先同士を直接結びつける取組みは、多くの金融機関が融資業務や預金業務等、従来型の間接金融以外の有望な収益機会として、専用の担当者・部署を設けて対応しています。また、金融機関内のイントラネットにおいて、顧客のニーズを登録すれば即座にマッチングできるシステム上のインフラ構築も進んでいます。しかし、企業のニーズを正確に把握するためには、企業の商品、サービスの内容や他社と比較しての強みについての深い知識が必要となります。

　また、自行単独で、または他金融機関と連携して商談会やフェアを開催

し、企業にマッチングの場を提供することも一般的に行われています。たとえば、複数の県にまたがる地域金融機関同士が提携して商談会を実施することによって、企業による通常の営業活動の範囲を超えた地域の販路開拓が可能となります。また、日本だけでなく、海外における良質な仕入先確保等のニーズは多く、海外進出企業のためのビジネスマッチング目的の商談会等も実施されています。あるいは、金融機関同士に限らず、金融機関が商工会議所や産業振興財団などの支援団体と共同でマッチングのためのビジネスポータルサイトを運営するなどの動きもみられます。

c　ビジネスマッチングにおける課題

もっとも、金融機関のこうした取組みに対して、金融機関のもつ情報力やサポートを評価する一方で、企業側において課題や問題点を指摘する意見もあります。具体的には、ポータルサイト上のマッチングや商談会への出席だけでは単なる場の提供にすぎず、必ずしも販路開拓につながらない、金融機関に取引先のニーズにあった企業を発掘するノウハウが不足しているといった意見です。

一方で、金融機関担当者からは、企業側の課題として、製商品、サービスの競争力が弱く同業他社との差別化が図られていないことや、営業力や開発力をもった人材が不足していることがあげられています。

d　金融機関に対する期待

このように、すべての企業においてビジネスマッチングによる販路開拓が容易に可能となるわけではなく、また、金融機関担当者にも、ビジネスマッチングのノウハウ不足という問題はあるものの、金融機関の情報力、ネットワーク力に対する期待は大きく、果たすべき役割も大きくなっています。そこで、企業の現状を十分に分析することで、その企業が置かれている環境や競争優位性を深く理解し、かつ業界動向や競合他社の把握を行うことによっ

て、金融機関が企業の新たな販路やビジネスパートナーの開拓を行い、企業の成長力を積極的に引き出せるようなコンサルティング機能の発揮が求められています。

(2) 産学官連携による技術開発支援

a　産学官連携とは

産学官連携とは、民間企業（産業界）と、大学をはじめとする研究機関（学術機関）と政府・自治体（官公庁）が連携して、研究開発や事業を行うことをいいます。前述の監督指針において、金融機関が外部と提携して提案するソリューションの例示として、産学官連携による技術開発支援があげられています。

景気低迷の現況において、厳しい経営が続く多くの中小企業は、新事業や新分野への進出を目指しています。また、既存の事業であっても、より高品質でより高い生産性の確立や、競争優位性を確保しようとしており、高度な技術力や開発力を必要としています。

そこで、金融機関は、産業界と学術機関それぞれを顧客として取引していることから、両者を結びつけ、大学をはじめとする研究機関の有する特許や技術、知識などの知的財産を、それを生かしたい企業に紹介し、同時に金融機関のもつ資金提供能力や政府・自治体の支援を活用して企業の発展を後押しすることが求められています。

b　産学官連携の現状

現在は、地域活性化支援や大学の研究成果の活用を目的として、多数の金融機関が何らかの産学官連携を行っています。金融庁によるリレーションシップバンキングの推進が契機となり、2003年頃から取組みを開始した例が多く、現状、多くの金融機関で、産学官連携のための組織体制や運用方針が

確立され、企業と大学等とを実際に引き合わせる仲介機能と融資機能とを担っています。また、融資のほかに、投資ファンドを組成して出資したり、ベンチャーキャピタルを通じて投資する例もみられます。

分野別の取組み実績においては、従来からのものづくり技術のほか、事業化に高度な技術や知見が必要な環境関連やライフサイエンス分野などの新規ビジネスもみられます。

 c 産学官連携の課題

企業と大学等が連携して技術開発を行うにあたっては、さまざまな課題があります。まず、専門的技術についての知識が不足していて、そもそもどの企業に紹介したらいいのかわかりづらい面があります。また、技術開発や共同研究による事業化には、ある程度の期間を要するため、利益を生み出すまでの資金繰りの問題があります。上場している大企業は、設備投資や研究開発の資金を市場からの資金調達でまかなうケースがありますが、中小企業は金融機関からの融資等の間接金融に頼らざるをえません。しかし、事業化までの研究開発期間はどうしても費用が先行し、また事業化が不確定であるため、間接金融での資金調達を行うのは困難な面があります。

 d 金融機関に対する期待

前項のビジネスマッチングでも同様ですが、金融機関は、日常から顧客と接しており、長期的な取引で得られた信頼関係を有しています。また、そのような信頼関係が築かれた膨大な顧客情報を保有しています。一方、企業や大学等にはそのようなネットワークがないため、大学等の知的財産とそれを利用して事業化しようとする企業が出会うことは容易ではありません。金融機関に対しては、両者の橋渡し役としての役割が期待されています。

また、金融機関には技術に対する目利きによる事業価値の判定と、事業化に必要な資金提供者としての役割が期待されています。ただ、金融機関内部

で技術開発についての事業価値の判定を行うには、その技術に対して深い見識が必要になります。内部での人材育成には限界があることから、適切な外部専門家を用いて判定することのできる体制づくりが求められています。外部の評価機関との提携が有効と考えられます。

2 費用の圧縮

　費用の圧縮を考える際は、変動費と固定費に分けて考えることが必要です。変動費のうち大きなものは、商品仕入、材料仕入、外注費等が該当しますが、削減は相手先との交渉次第であるため、経営者がコントロールできないことが多い一方、固定費は自社の意思で削減することができるものが多くなっています。

　したがって、費用削減を考えるなら、変動費よりも固定費のほうが実行しやすく、効果も高いと考えられます。しかし、真っ先に費用削減の対象とされることの多い広告宣伝費や販促費といった費用は、売上高増加の費用対効果を考えて削減すべきであり、また研究開発費といった、将来の利益につながるような費用は、むやみに削減すべきではありません。費用対効果を勘案し、自社の状況にあわせ支出額を決定することが必要です。ここでは、通常、費用の絶対額が大きい人件費、仕入および外注費、地代家賃、広告宣伝費と、その他の費用に分けて削減方法を記載します。このなかでも、人件費については特に、削減するにあたってさまざまな制約があるため、詳細にみていきます。

　なお、減価償却費も、固定費のうち金額の大きい費用ですが、設備の購入費用を将来にわたって費用化しているものであり、今後の新規設備投資を抑制することはできるものの、すでに支出した設備に関する減価償却費を削減することはできません。設備投資計画の投資意思決定において慎重に検討を行います。

第6章 事業計画改善の手法

(1) 人件費

a 人件費圧縮の進め方

　人件費の圧縮は、従業員の生活に大きくかかわることであるため、従業員の士気低下につながり、場合によっては社員から不当解雇の主張等で損害賠償請求されるリスクもあり、慎重に進める必要があります。

　まずは、人件費削減の目標設定を行うため、企業の適正な人員数および人件費総額の基準を見積もります。余剰人員、余剰人件費があるということは、現在の人員および人件費が適正水準よりも多いということです。是正するためには、まず適正水準を見積もる必要があります。具体的な方法としては、損益分岐点分析や適正水準だった期の労働分配率から見積もる方法や、事業計画の達成に必要な人員数を積上方式で算定し、平均賃金単価を乗じて算定する方法などがありますが、両者の結果を擦り合わせることが望ましいです。

b 人件費削減の方法

　人件費は賃金×従業員数であるため、人件費削減には、賃金を抑制、削減する「賃金調整」による方法と、従業員数を抑制、削減する「雇用調整」による方法の二つがあります。それぞれの方法の代表的な例は、図表6－1の

図表6－1　人件費削減

賃金調整による方法	雇用調整による方法
●残業抑制 ●一時帰休 ●賃金引下げ、賞与カット	●非正社員の削減 ●退職者の募集 ●整理解雇

とおりです。

　実際に人件費削減となった場合、これらはどれか一つの方法というよりも、複数組み合わせて行うことが効果的です。また、なかには法的な制限に制約される方法もあるため、慎重に進めることが必要です。

①残業抑制

　賃金調整による方法のうち、最も手をつけやすい部分であり、最初にやるべき削減ですが、「サービス残業」の残業代未払が昨今社会問題化しているように、実際に残業を実施している場合に所定の割増賃金を支払わなければ、当然、労働基準法違反となります。

　そもそも売上が減少すれば、業務量も減少するため残業も減るものですが、事業のなかには、時間帯や日、週、月、季節等で繁忙期と閑散期があるものもあるため、事業の受注や販売計画の見直しで対応するか、またはあらかじめ所定労働時間を、繁忙期には長めに、閑散期には短めに設定するような変形労働時間制を採用することで残業時間を減少させることが可能となります。

②一時帰休

　一時帰休とは、企業が雇用関係を維持したままで、従業員の就業時間の全部または一部について一時的に休業させることをいいます。従業員との労働契約の解消や変更を伴わずに賃金を引き下げることができるため、解雇せずに人件費を削減して会社を存続させる方法として採用する会社が急増しています。

　人件費削減を目的とした一時帰休は、労働基準法26条の「使用者の責に帰すべき事由による休業」に当たると考えられるため、休業期間中、平均賃金の100分の60以上の金額の休業手当を支払うことが必要になりますが、現在、一定の要件を満たせば、中小企業は、「中小企業緊急雇用安定助成金」として休業手当の5分の4（上限あり）を1年間で100日、3年間で300日を限度

として支給を受けることができます。

最近では、一時帰休による従業員の賃金不足をカバーするため、就業規則を改定して従業員の副業を認める会社も増えてきています。

③賃金引下げ、賞与カット

労働基準法では、賃金の決定や計算方法に関する事項は就業規則上の絶対的必要記載事項となっています。そのため、就業規則には具体的な賃金決定方法、昇給の有無や条件等を記載する必要がありますが、労働基準法自体は賃金引下げを禁じているわけではありません。したがって、就業規則に「業績の著しい悪化がある場合は、賃金を減額することができる」といった一文があれば、賃金引下げは可能です。そのような文言がなければ、賃金引下げを行いたい場合、就業規則を変更することになりますが、労働条件を切り下げることは、労働契約の不利益変更となり、一定の要件を満たす必要があります。その要件とは、以下の二つです。

- 就業規則変更の内容が合理的であること
- 変更後の就業規則を周知したこと

そして、内容が合理的かどうかは、過去の判例を基に労働契約法上で、以下の五つの要素が掲げられています。

- 労働者の受ける不利益の程度
- 労働条件変更の程度
- 変更後の就業規則の内容の相当性
- 労働組合等の交渉の状況
- その他の就業規則の変更に係る事情

賞与についても同様です。もし、就業規則上で「業績に応じて、原則年2回支給する」といった内容であれば、賞与カットは認められますが、「賞与は年2回給与の2カ月分を支給する」といった内容であれば、就業規則の変

更が必要になり、上記の要件をクリアすることが必要になります。

　賃金の引下げは一律何％まで可能かといった明確な基準はありません。業績悪化が原因の場合、責任は経営者にあるため、まずは経営者や上位役職者の引下幅を大きくし、一般社員は少なくするべきです。また、引下期間を限定して実施することにより、従業員の理解を得やすくなります。

　いずれにせよ、従業員に対しては、なぜ賃金引下げや賞与カットが必要なのかを十分説明し、今後の会社の展望を示したうえで、会社への不信感を払拭させ、従業員のモチベーションが低下しないような配慮を行うことが求められます。

　以上は、人員の調整を行わず、賃金を下げることによって人件費を削減する方法ですが、人員の調整を伴う方法は、以下のようなものがあります。

④非正社員の削減
　解雇が実質的にむずかしい日本において、契約社員などの非正社員の登用は人件費を固定費化しないための手段として、また繁忙期の機動的な人材確保の方法として使われてきました。契約社員やパートタイマーの契約形態は、期間の定めのある有期労働契約となります。有期労働契約の場合、会社が契約期間の満了時に労働契約を終了させることを「雇止め」といいます。雇止めは、もともとの契約どおりに契約を終了させる行為なので、違法ではありませんが、契約期間が通算して1年を超えている場合または契約が3回以上更新されている場合は、30日前に契約を更新しないことの予告が必要になります。

　契約期間の途中の場合は、会社はやむをえない事由がない限り、契約を解除することはできません。ここでいうやむをえない事由があると認められる場合とは、正社員のように期間の定めのない労働契約の解雇権濫用の法理における「客観的な合理性を欠き、社会通念上相当でない」場合よりも狭い範

囲であると解されているため、会社都合による契約期間途中の解約は、正社員の解雇よりもむずかしく、より慎重な判断が要求されます。したがって、契約途中で解約したい場合であっても、期間満了まで待って雇止めを行うようにするほうが、損害賠償責任のリスクを回避するために無難な方法であるといえます。

⑤退職者の募集

退職者の募集には、希望退職者の募集と退職勧奨があります。どちらも整理解雇に先立つ解雇回避措置の施策であり、後述の整理解雇の前提条件となります。いずれも、法的にはあくまで合意による労働契約の終了であり、会社都合による退職ではありません。実務上は、希望退職者の募集を告知するだけでは必要な削減数を達成することができない場合に、募集期間中に対象の従業員と面談し、退職勧奨を行うのが通常です。したがって、退職勧奨は希望退職の募集を補完、促進する関係にあるといえます。

希望退職者の募集は、会社が割増退職金を上積みして退職者を募るのが一般的ですが、よくあることとして、会社として退職してほしくない従業員から退職を申し出るケースがあります。その際でも、法的には双方の合意による労働契約の終了であるため、会社が承諾しなければ希望退職は成立しません。しかしながら、会社が残ってほしいと思っている従業員が応募してきた際は、希望退職を承諾しなくても、退職の意思があることが会社内に広まり、結果として在籍しづらくなって自己都合退職してしまうことになりかねません。したがって、辞めてほしくない従業員に対しては、前もって会社にとって必要な人材であることを通知しておくことが望ましいと考えられます。

退職勧奨は、希望退職者の募集を行ってもなお、目標とした削減数に満たない場合に、個別の従業員に対して自主的な退職を呼びかけて合意退職してもらうことをいいます。中小企業の場合、従業員数が少なく一律に希望退職者の募集を行うことが現実的でないこともあるため、退職勧奨のみを行うこ

ともあります。退職勧奨は、希望退職者の募集と異なり、会社側の意向で勧奨対象者を絞り込むことが可能となります。

⑥整理解雇

整理解雇は、業績不振で人員削減をする際、会社側から一方的に社員との雇用契約を解消することをいいます。労働契約法16条には、「解雇は、客観的に合理的な理由を欠き、社会通念上相当であると認められない場合は、その権利を濫用したものとして、無効とする」と定められており、整理解雇を行う際は、客観的に合理的であること、社会通念上相当であることが求められています。

そして、整理解雇の場合、過去の判例等から、以下の4要件を満たすことが原則必要となります。整理解雇は従業員にまったく非のない解雇であるため、解雇のなかでも特に要件が厳しくなっています。

整理解雇の4要件

- 人員削減の必要性
- 解雇回避の余地がないこと
- 対象者の選定基準の合理性
- 解雇手続の妥当性

第一に、人員削減の必要性は、会社の合理化の必要上やむをえない事情が存在しているか否かが問題となります。近年は、企業の維持存続が危機に瀕しているような、破たん寸前の状況になくとも、経営上の合理化のために必要であれば足りるとされる傾向にあります。

第二に、解雇回避の余地がないことは、会社がさまざまな手を尽くした結果、それでも解雇を回避できない状況かどうかということです。具体的には、経費節減、時間外労働の抑制、新規採用の抑制、賞与カット、昇給停止、賃金引下げ、配置転換・出向、一時帰休、非正社員との労働契約の解

消、希望退職者の募集などがあげられます。したがって、これまで述べてきた項目を行うことが、整理解雇の前提条件となります。

　第三に、対象者の選定に合理性があるかということです。多くの従業員から一部を選定して解雇することから、選定に客観的な基準が必要であり、公正性を保つ必要があります。基準としては、人事評価で会社への貢献度や能力の低い者を基準にしたり、配偶者の有無、再就職の可能性等、解雇されても生活への影響の少ない者を基準にすることが考えられます。

　最後に、解雇手続の妥当性とは、労働組合や従業員に対して、事前に十分な協議がなされ、経営に関する情報を開示し、整理解雇がやむをえない措置であることを伝えているかということです。

　ただし、最近の判例では、これらの整理解雇の4要件は、四つの要素として総合的に考慮するものであって、すべての要件を厳格に満たしていなければ解雇が認められないというものではない、とするものも多くなってきています。

　このように、人件費を削減する際には、さまざまな要件をクリアすることが必要となりますが、重要なことは、事前に会社の経営状況、人件費削減の具体的内容、実施時期等について従業員に十分な説明を行うことです。また、削減策が従業員の退職を伴うものである場合には、残った人材に対してのケアも必要となります。人員削減を行うことにより、会社の先行きに不安を感じて士気が低下すると同時に、一人当りの仕事量も増加し、残った社員も疲弊感が積もって辞めてしまい、かえって業績の悪化が進んでしまう事態になりかねません。

　それを防ぐためにも、人員削減や賃金引下げを行った後にも、会社の展望を示し、会社に残ってがんばろうと思えるような情報を伝え、従業員のモチベーションを保つことが必要となります。

(2) 仕入、外注費

　これらの費用は、本業に関する変動費です。前述のとおり、これらの費用は、外部の取引先との交渉や市況に依存し、経営者にとってコントロールが困難な費用です。特に、中小企業の価格交渉力はきわめて弱く、削減が困難な費用といえますが、削減方法としては、以下のような方法があります。

　　a　仕入先および仕入方法の見直し

　仕入先が固定されていれば、より安いコストで同品質のものを仕入れることができないか、展示会、インターネット、商社等から見積書、取引条件等の情報を収集し、仕入先をあらためて見直します。また、現在の円相場の状況を生かし、中国や東南アジアなどの海外からの仕入を検討することも一つの方法です。ただし、その場合は、為替で損失を被らないようにヘッジを行ったり、相手国の地政学的リスクを検討することが必要です。

　また、中小企業単独では困難ですが、同業者で構成する団体や組合等で共同購入し、大量購入によりコストダウンを図る方法や、取引条件を現金仕入にして、その代わりに仕入価格を下げてもらうように交渉する方法もあります。

　　b　歩留まりの改善、廃材の利用

　aは仕入単価を削減する方法ですが、こちらは材料の使用量を削減する方法です。まず、歩留まりは、開発、設計段階から十分吟味し、歩留まりが高いことを十分検証してから量産化することが必要です。また、工程別に歩留まりの悪い原因は何かを把握し、かつ責任部署別に実績数値を明確にすることが必要です。歩留まりが低いからといって、それが設計要因なのか製造要因なのかわからなければ改善策を検討することはできません。実績数値を出すことによって、責任の所在を明らかにし、現場にコスト意識をもたせるこ

とが可能となります。歩留まりの改善は、コスト削減に対して即効性のある方法ではありませんが、中長期的に着実な方法といえます。

また、細かなことですが、製造過程で出てくる廃材は、自社内でのリサイクルを原則とし、それができない場合でも、廃材業者に有償で引き取ってもらうことでコスト削減に寄与します。

c　内製の活用

外注費も同様に、情報収集を行い複数の相手先からあらためて検討します。また、外注費の場合は、特殊加工や特殊な技術が必要なものを除き、自社で内製できないかどうか検討を行うべきです。特に、生産量が減少して稼働率が減少している場合、内製を行うことで社内の余剰労働力を有効活用することができます。

(3) 地代家賃

本社や営業所等を賃借している会社にとっては、地代家賃も大きな固定費の一つです。地代家賃はすでに固定されていると考え、削減が困難だと考えがちな費用ではありますが、本社および営業所、支社のより家賃が安価な物件への移転を検討し、あわせて、営業所や支社については存在意義を再確認し、必ずしも必要でないなら、統廃合を行って拠点の削減を検討します。また、自社の所有しているビルに入っている場合には、自社のスペースを縮小して自社ビルの一部をテナント化し、そこから賃料を得る方法もあります。

また、昨今の不景気の状況を受け、現在の賃料相場は下落していますが、賃借契約を締結してから長期間が経っている場合、その当時の賃料を支払い続けているケースがあります。その際は賃料が世間の相場から乖離していることもあり、減額交渉の余地は高いと考えられます。現在では、貸主との交渉を代行し、賃料の減額を目的としたコンサルティングを引き受けている会社もあり、そのような会社を活用するのも一つの手といえます。

(4) 広告宣伝費

　企業が、不況の際に真っ先に削減する費用として、「3K経費」といわれるのが交通費、交際費、広告宣伝費です。

　このうち、広告宣伝費は、ダイレクトメール、チラシ、ネット広告などさまざまな支出があります。売上と密接な関係がある支出もあれば、なかにはまったく意味のない支出もあると考えられますが、問題は、どの支出がどのくらい売上増加に寄与しているのかを把握せず、安易に支出してしまいがちな点にあります。したがって、むずかしい面はありますが、日常的に費用対効果の検証を行い、データを蓄積していくことが重要であり、いざ削減することになった場合、効果のある支出に対して選択と集中を行うことが必要です。単に削減可能だからといってざっくりと削ってしまった場合、すぐには現れなくとも、徐々に売上減少の効果が出る危険性があります。

　大きな支出を伴わずに、宣伝を行う方法は、自社のホームページやメールを活用することで、一度自社の顧客になったお客様に対して継続的かつ適切なアプローチを行い、今後も自社の商品やサービスを利用し続けてくれるように働きかけることです。会社によっては、ホームページをまったく更新せずに放置しているケースもあると思われますが、外部媒体による広告宣伝費を削減した場合、このような身近なところを活用し、その分をカバーしていくことが必要と考えられます。

(5) その他費用

　その他の費用の削減は、以下のような方法が考えられますが、いずれも細かい努力の積重ねです。

- 旅費交通費：出張は回数、日数、人数を最小限化し、日当を支給していれば金額を見直す。タクシーは極力使わず、グリーン車やビジネスクラスなどは

第6章 事業計画改善の手法

> 　　　　　　廃止する。
> ●消　耗　品　費：チラシ、パンフレット等は内製化し、社内文書については裏紙を活用
> 　　　　　　する。
> ●交　　際　　費：接待、贈答品は自粛する。
> ●福　利　厚　生　費：保養所、寮等の福利厚生施設は見直す。
> ●支　払　手　数　料：顧問料は、つきあいで高い料金を払っているケースもあり、この場合
> 　　　　　　見直す。
> ●通　　信　　費：メールですむものはメールで連絡し、固定電話はＩＰ電話等に変える。
> ●会　　　　　費：さまざまな会や団体に所属している場合、会員としてもメリットが特
> 　　　　　　になければ退会を検討する。
> ●雑　　　　　費：勘定科目上の「その他」の性質を有する項目であるため、削減可能な
> 　　　　　　費用が入っている可能性が高く、一項目ごとに中身を確認し、無駄な
> 　　　　　　出費がないか再確認する。

　そのほかにも、いろいろな費用の削減方法はあると考えられますが、実行するうえで重要なことは、このようなコスト削減を経営者だけで決定せず、従業員にも意見を求めて全社的な取組みとして行うということです。コスト削減を行うことで、少なからず業務が非効率になる点も出てくると思われますが、従業員にとって上から押しつけられてやっているという意識があれば、仕事に対するモチベーションも下がってしまい、さらに業績が悪化することになりかねません。全社員に対し理解を求め、取り組んでいくことが重要です。

３　財務体質の強化

　財務体質の強化は、資産の効率化、健全化や、債務の圧縮等により実施されます。まずは、現状の貸借対照表に計上されている資産、負債の見直しが必要です。
　ここでは、まず貸借対照表の勘定科目ごとに効率化、健全化の方法を確認していきます。

(1) 勘定科目ごとの効率化、健全化

a　現預金の圧縮

　定期預金等の固定性預金が借入金と両建てされていれば、同額の借入金返済に充てることによって支払利息の節減と自己資本比率の改善につながります。

b　売上債権の圧縮

　相手先は顧客であり、従来よりも早期に回収することは容易ではありませんが、代金の早期回収を図るため、可能な限り決済方法、決済条件の見直し交渉を行います。また、手形割引やファクタリングを用いれば、決済日前に現金化することができ、資金繰りの改善につながります。

　新たな資金調達の手法として、売上債権や在庫、機械設備等を担保にしたABLが注目されてきており、(2)で詳しく説明します。

　長期滞留債権が計上されている場合、内容証明郵便での支払請求等を行い、場合によっては債務減額の交渉等で部分的にでも回収を目指します。それでも回収が困難な場合は、訴訟等の法的措置をとることを検討しますが、回収がきわめて困難と判断されれば、債権放棄を行うことで税務上も損金算入が可能になります。

c　棚卸資産（在庫）の圧縮

　在庫の圧縮は、企業にとって共通の課題になっています。在庫が過大になると運転資金が増加して資金繰りが悪化し、また倉庫保管料等の管理コストが増大することになります。一方、過小になると顧客の需要に応じることができなくなる機会が増え、販売のチャンスを逃すことになります。

　在庫管理は、まずは在庫の現状を把握することが重要です。製商品ごとに

受払記録をつけて在庫量を常に把握し、目標とする在庫回転期間と乖離している製商品はその原因を調査します。

d　その他流動資産の圧縮

その他、長期間計上したままとなっている未収入金、立替金、仮払金等があれば、状況を把握し回収を試みます。回収不能が見込まれ、資産性がなければ、決算で引当金計上や損失処理を行うべきです。

e　有形固定資産の圧縮

固定資産のうち、遊休資産や事業と直接関係ない資産があれば、売却や処分を行います。また、不振事業に係る資産の事業転換、縮小、整理を検討します。事業用資産の場合は、セールアンドリースバックによる流動化により、所有から賃借への切替えを検討します。

ただ、いずれも、不動産の場合は抵当権が付されているケースが多いので、企業と金融機関の間での交渉が必要となります。

f　投資有価証券の圧縮

本業と関係のない投資目的の有価証券は処分します。持合株式についても、交渉を行ったうえで、取引に支障が出ないのであれば売却を検討します。また、子会社株式や関連会社株式を保有している場合、自社の本業における関連性を確認し、関連性が薄ければ会社の解散や株式売却も検討します。

g　その他投資の圧縮

節税目的で加入した保険積立金がある場合、解約して現金化します。また、ゴルフ会員権、会員制厚生施設の入会金等が資産計上されていれば、売却等を検討します。敷金は更新時に家賃減額とセットで減額の交渉を行いま

す。

h　仕入債務

仕入債務は、仕入先を削減し、関係を強化して交渉力を強め、仕入単価を下げる交渉と同時に支払サイトの長期化の交渉も行います。

i　借入金

借入金は、金融機関ごとの借入金明細を入手し、高金利の借入金を低金利の契約に一本化できないか検討します。また、取引先や知人に引き受けてくれる相手先があれば、私募債の発行を検討します。また、過剰債務削減の抜本的な対応として、DDSやDESの可能性を検討します。詳細は(3)で説明します。

j　自己資本

私募債同様、取引先や知人に引受先があれば、増資を検討し、財務体質の強化を図ります。

(2)　ABL

a　ABLとは

ABLとは、Asset Based Lendingの頭文字をとった略語であり、企業が事業活動を行ううえでの在庫や売掛債権、機械設備等の事業収益資産に担保の設定を行う融資手法をいいます。担保を設定された動産や債権は、通常の営業の範囲内で使用、処分することが可能です。アメリカでは、ABLは一般的な融資のスキームであり、アメリカの企業の借入金総額の数十％を占めるといわれています。

従来、金融機関が企業に融資を行う際は、不動産担保と経営者による個人

保証が中心となって行われていました。しかし、経済の持続的成長が見込めなくなった昨今、このような旧来型の融資手法では、不動産価格の下落に伴う担保価値の減少により、企業の資金調達力は弱まる一方です。また、個人保証は、企業の倒産とともに経営者が破産に追い込まれるなどの側面もあり、実質的な担保力としては弱く、この点も中小企業の資金調達のニーズを充足できない結果となっていました。そこで、在庫や売掛金、機械設備等の事業収益資産に担保を設定する手法が注目されました。

　　b　ABLの特徴

　企業が有する在庫や機械設備などの動産、売上債権等の流動性の高い資産を対象とし譲渡担保を設定して、その処分価値に基づいて融資を行う手法は、従来から存在していました。しかし、これらの動産譲渡担保や債権譲渡担保は、担保の目的物の継続の不確実性、担保権実行の困難性から、あくまで不動産担保や経営者による人的担保の補完としての位置づけでした。

　近年注目されているABLは、事業の継続を前提とし、企業が存続することで生み出す付加価値を担保と一体として評価します。したがって、担保となる動産や債権について、事業から切り離した処分価値としてではなく、その企業がもつ顧客への販路等を含めた継続価値として評価することになります。

　　c　これまでの政策的な取組み

　金融庁は、2005年に「地域密着型金融の機能強化の推進に関するアクションプログラム」において、事業からのキャッシュ・フローを重視し、不動産担保、保証に過度に依存しない融資の促進を図ること、また、中小企業の資金調達の多様化を図ることを目的として、金融機関に対してABLを活用するよう要請しました。

　また、中小企業庁は、2007年に「流動資産担保融資保証制度」を創設しま

した。中小企業が金融機関からABL融資を受けた際は、その債務を信用保証協会が保証することで、金融機関のリスクが軽減されるため、ABLの普及を後押ししています。

d　対象となる企業

ABLは、健全な経営を行い、担保に適する資産を保有する企業であれば、対象となりえますが、特に適しているのは、売掛金や在庫を多く抱えている成長期の段階の企業の運転資金や、機械等の設備を多く保有する企業があげられます。また、農林水産関連業のように、季節変動の大きな企業も、一時的に在庫や売掛金を多く保有するため、その分の運転資金が必要になり、ABLに適した企業といえます。

e　ABLの手続

ABLの手続を簡略化して図示すると、図表6－2のようになります。

ここでポイントとなるのは、③担保資産の評価、⑤担保資産の登記、⑦担保資産の状況および業績の報告です。

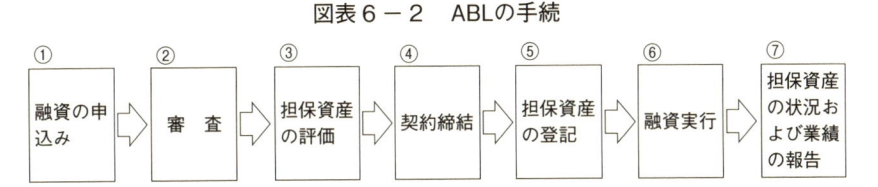

図表6－2　ABLの手続

① 融資の申込み → ② 審査 → ③ 担保資産の評価 → ④ 契約締結 → ⑤ 担保資産の登記 → ⑥ 融資実行 → ⑦ 担保資産の状況および業績の報告

◀ 担保資産の評価 ▶

申込みの後の審査で、ABL融資が可能と判断された場合、企業が保有する在庫や売掛金、設備などの資産について、担保としてどれくらいの価値があるのか、取引先との契約書や受発注に関する証憑、在庫の現物確認などを行います。具体的には、売掛金の場合は、相手先の分散具合、売掛先の信用力、売掛金の管理方法等を確認し、在庫の場合は、どの程度の市場規模か、おもな販売先はどこか、

保存状態や管理体制はどうなっているのか等を調査します。

また、場合によっては、外部の調査機関を使うこともあります。

◀ 担保資産の登記 ▶

担保評価が行われた後に、融資条件が決定され、正式に契約締結となります。契約締結後、動産、債権について譲渡担保の登記が行われます。

動産は、在庫については、企業が有する製商品の中身が日々変動したり入れ替わったりするため、個々の物品ではなく、たとえば「倉庫内に保管されている製商品」といった集合動産として設定、登記を行うのが一般的です。一方、機械設備は、個々に物件を特定できるため、個別動産として設定、登記を行うのが一般的です。登記をすることにより、金融機関は、抵当権などと同様、他の債権者に優先して債権回収を図ることが可能となります。

集合動産の場合、企業は譲渡担保権を設定した後も、通常の営業の範囲内での処分は、担保権者である金融機関の承諾なく自由に行えるため、企業が販売し倉庫から搬出した製商品については、自動的に譲渡担保の目的物から外れることになります。逆に、新たな製商品を製造、取得して倉庫に搬入した場合は、これらの製商品は自動的に譲渡担保の目的物となります。

債権も在庫と同様、事業活動によって日々発生、回収が行われるため、通常、集合債権譲渡担保として設定、登記が行われ、新たに発生した債権は自動的に目的物に組み込まれ、回収した債権は自動的に外れます。また、企業は債権を回収しその代金を自らの業務に利用する権限を有しています。

登記は、在庫や売掛金等の資産が担保となっていることの第三者対抗要件です。民法上、原則は、動産の譲渡の場合は引渡しが、債権の譲渡の場合は債権譲渡の通知が対抗要件となっていますが、「動産及び債権の譲渡の対抗要件に関する民法の特例等に関する法律」により登記制度が導入され、民法の特例として第三者対抗要件で登記が認められることになりました。

◀ 担保資産の状況および業績の報告 ▶

前項のとおり、ABLの場合は、不動産担保と異なり、担保の目的物が常に変動します。したがって、担保資産の状況や、企業の経営状態について、金融機関が定期的にモニタリングする必要があります。そこで、融資契約時に、企業とコベナンツ条項を設定します。

コベナンツ条項には、モニタリングに必要な担保資産の残高等の情報および正確な決算、財務情報の定期的な提出のほか、一般的な借入契約に用いられる財務

制限条項や、他の債権者への担保提供の制限、一定水準以上の配当や重要財産の処分の制限などの遵守条項が盛り込まれます。

f　ABLの課題、展望

これまでは、金融機関にABLのノウハウが確立していなかったため、ABLの活用に消極的な金融機関は少なくありませんでした。また、金融機関が月次単位で担保資産の状況や業績を確認することは、非常に手間がかかるうえ、資産の評価に専門家が必要になると、その鑑定費用もかかることになり、金融機関および借り手の企業の負担が増大することになります。

しかし、金融機関にとっては、モニタリングを通じて企業の売掛金、在庫等の流れの詳細を把握できることになるため、企業の経営実態の深い理解につながり、企業にとっても、金融機関との信頼関係が強化され、必要に応じて経営のアドバイス等を受けることが可能となります。

このように、金融機関にとっては、ABLの実施を通じ、経営者と同じ目線に立ったコンサルティング機能が強化できることになり、企業にとっては、従来不動産の担保を保有していないため困難であった資金調達が可能となる可能性があり、今後のABLの活用が望まれています。

(3) 抜本的な金融支援

企業によっては、過剰債務を抱えており、(1)で記載した財務体質強化策ではなく、抜本的な金融支援が必要な場合があります。前述の「監督指針」において、抜本的な事業再生により事業の改善が見込める会社のソリューションの例として、DES、DDS、DIPファイナンスの活用があげられています。

a　DES

デット・エクイティ・スワップ（Debt Equity Swap：以下、DES）とは、既存の貸出債権を株式化することにより、企業の過剰債務を解消する手法で

す。DESを受ける企業は、借入金が減少した分、元本返済および利息負担の軽減が図られ、収益とキャッシュ・フローが改善することになります。また、DESを実行する貸付側は、残債権の回収可能性が高まり、貸倒引当金計上の軽減を図ることができます。また、債権放棄とは異なり、発行された株式が議決権のある場合には経営の監視が可能となり、再生が実現して企業価値が上昇した場合には、株式を売却することによって資金の回収を図る可能性が残ります。

しかし、株式の流動性が乏しい中小企業に対してDESを行うことは、投下資本回収を行う方法として、株式を経営者に売却するくらいであり、現実的には適用がむずかしいといえます。

b　DDS

デット・デット・スワップ（Debt Debt Swap：以下、DDS）とは、既存の貸出債権を他の債権よりも弁済順位が劣後する債権（劣後ローン）に切り替える手法です。劣後ローンのなかでも、一定の要件を満たすものは資本性借入金または資本的劣後ローンといい、金融機関の自己査定上、資本とみなされるため、債務者にとっては新規融資を受けやすくなる等のメリットがあります。

平成23年11月に、金融庁から「資本性借入金の積極的活用について」が公表され、金融検査マニュアルに記載されている「十分な資本的性質が認められる借入金」（資本的借入金）について、「資本」とみなすことができる条件が明確化されました。具体的には、以下の要件です。

①償還条件

償還期間が短ければ資本とはいえないため、契約時における償還期間が5年超であることが必要です。また、期限一括償還が原則であり、期限一括償還でなくても、長期の据置期間が設定されていて期限一括償還と同視しうるような場合には、資本的借入金とみなすことが可能です。

②金利の設定

資本性借入金は資本に準じた性質を有するため、通常の貸付金と同様の金利水準を設定することは困難です。したがって、業績連動型が原則であり、赤字の場合は利子負担がほとんど生じないことが必要となります。ただし、株主管理コストに準じた事務コスト相当の金利であれば、利子負担がほとんど生じないとして資本性借入金と判断してよいとされています。

③劣後性

原則として、法的破綻時の劣後性が必要となります。ただし、もともと担保が付されている既存の借入金を条件変更によって資本性借入金とした場合、担保物件からの債権回収が期待できるため、法的破綻時の劣後性を確保できません。しかし、このような場合でも、他の債権に先んじて回収を行わないことを契約するなど、少なくとも法的破綻に至るまでの間において、他の債権に先んじて回収しない仕組みが備わっていれば、法的破綻時の劣後性が必ずしも確保されていなくてもよいとされています。同様に、保証付借入金の場合も、保証の実行後においても償還条件、金利の設定、劣後性それぞれの条件を確保できる仕組みが備わっていれば、資本的借入金とみなしてよいとされています。

既存の借入金を、以上のような要件を満たす資本性借入金にDDSすることにより、企業のバランスシートは改善します。DESは新株発行の手続を行う必要がありますが、DDSは既存の貸付債権の条件変更を行えばよいだけであり、より実施しやすいスキームとして用いられています。

 c DIPファイナンス

DIPファイナンスとは、私的整理手続中や法的整理手続中の企業が事業を継続するために必要な資金を供給する融資をいいます。

DIPファイナンスは、民事再生手続や会社更生手続等、法的整理手続申立

後に再建対象会社が事業を継続するために必要な資金を融資するアーリーDIPファイナンスと、法的整理手続開始から終結までの間の運転資金等を融資するレイターDIPファイナンス、事業再生ADRなど私的整理手続中のつなぎ融資であるプレDIPファイナンスの3種に分類できます。

再建対象会社が法的整理手続等に入った場合、信用力が毀損していて取引先は掛売りに応じなかったり、取引を打ち切られたりすることが多く、運転資金が必要です。また、法的手続等が順調に進み、再生計画等の認可決定が得られた後も、事業の再建を行うために必要な設備資金や長期運転資金も必要です。こうした資金ニーズに対応するのがDIPファイナンスです。

ただ、DIPファイナンスの実施は、共益債権化に裁判所の許可がいるなど、多くの法的手続が必要となります。したがって、実施にあたっては本部または外部専門家との連携が必須となります。

第7章 事業計画の事例―A精工株式会社

第7章 事業計画の事例—A精工株式会社

本書のまとめとして、事業計画策定・分析のケーススタディをみていきます。

A精工株式会社の事業計画は、以下の構成となっています。

```
A精工株式会社　事業計画
 1  企業の概要
 2  経営理念
 3  経営環境
 4  SWOT分析
 5  業績の推移
 6  現状分析および目標値の設定
 7  見積損益計算書
 8  販売計画
 9  人員計画
10  設備投資計画
11  売上原価・販管費・営業外損益計画（変動費）
12  売上原価・販管費・営業外損益計画（固定費）
13  見積月次損益計算書
14  見積貸借対照表および分析指標
15  見積キャッシュ・フロー計算書
16  月次資金繰り表
```

1　企業の概要

設　立：1964年
業　種：自動車部品メーカー
年　商：約8億円
資本金：10百万円
人員数：63名（アルバイト、パート除く）
株　主：二代目社長とその親族

会社（A精工株式会社）は設立50周年を迎えた、自動車用の金属部品メーカーであり、株主が身内のみで構成されているオーナー企業です。自動車部品メーカーは、完成車メーカーを頂点として、完成車メーカーと直接取引する一次部品メーカー、一次部品メーカーの下請けである二次、三次部品メーカーが存在するピラミッド型の階層構造となっており、当社は一次部品メーカーに自動車部品を提供する二次部品メーカーです。また、近年は、自動車部品以外の収益源として、玩具部品や工作機械部品分野への事業拡大を図っています。

　ここ数年の業績は悪く、赤字続きとなっており、経営の立て直しが急務となっています。

2　経営理念

● **品質第一**
品質に関しては厳格なこだわりをもち、原材料の購買、製造加工、組立て、出荷に至るまで、すべてISO9001規格にのっとり行います。

● **顧客本位**
多品種・少ロット生産のノウハウを生かし、多様化する顧客ニーズを常に満たす付加価値の高い製品を創造していきます。

● **チャレンジ精神**
常に変化する経営環境に対応するため、顧客の製品ニーズや納期に応えられる技術への挑戦、また、自動車業界以外への分野への挑戦など、常にチャレンジ精神をもって取り組んでいきます。

● **社会貢献**
事業活動と環境との調和を目指し、健全な事業活動を通じて、顧客、社会、従業員をはじめとしたすべてのステークホルダーに対して信頼関係を深め、地域に密着した企業として社会的責任を果たしていきます。

3 経営環境

（外部経営環境）

- 自動車部品業界の景況は、5年ほど前までは右肩上がりであったが、リーマンショックや円高の影響で、近年は急激に悪化し、ここ最近の景況感は良化してきたものの、今後、継続的な成長はむずかしいと見込まれている。
- 日本の完成車メーカーは、日本国内での自動車需要の減少およびコスト面での有利さから生産を海外へシフトし、コスト削減のため部品も現地調達を進めており、日本国内の自動車部品メーカーの売上減少につながる。
- 原材料調達価格の高騰傾向が続き、コスト面での採算が悪化している。
- エコカー減税等、環境に配慮した車の普及が国策となっている。
- 高級車への需要が徐々に回復傾向にあり、今後、利益率の高い高級車用部品の販売が見込める。
- 得意先からの定期的な受注単価引下げ要請がある。

（内部経営環境）

- 技術力は定評がある。決められた設計仕様を製造することにとどまらず、設計段階から積極的に提案するなど、元請けメーカーからの信頼も厚い。
- 業界的に、よほどの不具合がない限り、現行車種の生産中は部品の調達先を変えることはないため、得意先を突然失うリスクは少ない。ただ、得意先からの受注単価引下げ要請は強く、常に生産性の効率化に取り組む必要性は高い。
- 設備投資は多額の資金が必要となるため、最新鋭のプレス機導入は見

送っている。そのため、取引先からの受注量が急激に増大した場合などは、取引先からの要望に応えるのはむずかしい。また、今後、既存の機械では対応しきれないような付加価値の高い部品は受注できない可能性がある。
- 玩具部品や工作機械部品等、新規分野において技術力を生かした新たな得意先開拓を進めている。
- 加工には特殊技術が必要であるため、間もなく定年を迎える高齢の従業員からの技術継承が課題となっている。
- 借入金への依存度が高く、自己資本が脆弱である。
- 人材確保や資金面での制約から、完成品メーカーや一次部品メーカーに伴って海外進出することは困難である。

4 SWOT分析

	強み	弱み
内部環境	・高い技術力 ・顧客基盤の安定性	・急激な受注増、付加価値の高い製品に対応できないおそれあり ・高齢従業員からの技術継承が不十分 ・借入金への依存度が高い ・海外進出が困難 ・得意先からの受注単価引下げ要請あり
	機会	脅威
外部環境	・エコカー需要の増大 ・高級車需要の回復 ・新規分野への得意先開拓	・不況や円高の影響で、マーケットが縮小傾向 ・完成車メーカーや元請け部品メーカーが生産を海外へシフトし、部品も現地調達化 ・原材料価格の高騰

SWOT分析の組み合わせによって、以下の検討を行った。

	機　会	脅　威
強　み	（どうすれば最大限の効果が得られるか？） ・エコカーや高級車の需要増が見込めるため、設計段階から技術力を生かした提案型の営業を行い、受注につなげる ・高い技術力を生かし、新規分野への進出を積極的に行う	（脅威の環境下のなか、自社の強みをどう生かすか？） ・マーケットは縮小傾向にあるものの、エコカーや高級車などの需要が見込める分野もあり、そこに注力する ・技術力を生かしてさらなるコスト削減を行い、原材料価格高騰分のコストを吸収する
弱　み	（弱みをどのように克服して機会を生かすか？） ・顧客からの受注単価引下げ分を新規事業でカバーできるか検討する ・急激な生産増加に耐えうるよう、利益率の低い受注は受けないなどの対応を行う	（撤退を検討するか、現状維持を目指すか？） ・材料高騰やコストダウン要請などで採算が合わない場合は受注せず、他でカバーすることを検討する

5　業績の推移

　以下は、A精工株式会社の過去3期の業績推移である。損益計算書の形式は、分析しやすいように、通常の損益計算書の費用項目を変動費、固定費に分類した変動損益計算書の形式にしている。

損益推移

(単位：百万円)

科　目	48期実績	構成比	49期実績	構成比	50期実績	構成比
売上高	830	100.0%	812	100.0%	798	100.0%
変動費						
材料費	332	40.0%	325	40.0%	323	40.5%
外注費	98	11.8%	97	11.9%	92	11.5%
その他変動費	52	6.3%	51	6.3%	48	6.0%
限界利益	348	41.9%	339	41.7%	335	42.0%
固定費						
人件費	283	35.5%	280	34.5%	275	34.5%
減価償却費	35	4.4%	32	3.9%	30	3.8%
その他固定費	38	4.8%	40	4.9%	44	5.5%
経常損益	-8	-1.0%	-13	-1.6%	-14	-1.8%
税引前損益	-8	-1.0%	-13	-1.6%	-14	-1.8%
法人税等	0	0.0%	0	0.0%	0	0.0%
税引後利益	-8	-1.0%	-13	-1.6%	-14	-1.8%

貸借対照表の推移

(単位：百万円)

科　目	48期実績	49期実績	対前年	50期実績	対前年
現預金	45	30	-15	15	-15
売上債権	160	153	-7	147	-6
棚卸資産	162	172	10	178	6
有形固定資産	449	435	-14	429	-6
その他資産	32	29	-3	27	-2
(資産合計)	(848)	(819)	(-29)	(796)	(-23)
仕入債務	178	173	-5	171	-2
未払金	75	72	-3	75	3
借入金	513	503	-10	495	-8
その他負債	40	42	2	40	-2
(負債合計)	(806)	(790)	(-18)	(781)	(-9)
資本金	10	10	0	10	0
剰余金	32	19	-13	5	-14
(純資産合計)	(42)	(29)	(-13)	(15)	(-14)
(負債・純資産合計)	(848)	(819)	(-29)	(796)	(-23)

第7章 事業計画の事例—A精工株式会社

キャッシュ・フロー計算書の推移 　　　　　　　　（単位：百万円）

	48期実績	49期実績	50期実績
当期純利益	−8	−13	−14
減価償却費	35	32	30
売上債権の増減	8	7	6
棚卸資産の増減	0	−10	−6
仕入債務の増減	−3	−5	−2
その他の増減	5	2	3
営業活動によるキャッシュ・フロー	37	13	17
設備投資による支出	−20	−18	−24
投資活動によるキャッシュ・フロー	−20	−18	−24
借入金の返済による支出	−20	−10	−8
財務活動によるキャッシュ・フロー	−20	−10	−8
現預金の増減	−3	−15	−15
期首現預金残高	48	45	30
期末現預金残高	45	30	15

分析指標

	50期実績	51期計画	52期計画	算定式
売上債権回転期間	2.3カ月	2.3カ月	2.2カ月	売上債権／売上高÷12
棚卸資産回転期間	2.3カ月	2.5カ月	2.7カ月	棚卸資産／売上高÷12
仕入債務回転期間	5.0カ月	4.9カ月	4.9カ月	仕入債務／（材料費＋外注費）÷12
債務償還年数	13.9年	38.7年	29.1年	有利子負債／営業キャッシュ・フロー
自己資本比率	5.0%	3.5%	1.9%	自己資本／総資本

6　現状分析および目標値の設定

(1) 売上高

　売上高は減少傾向にある。売上高減少の原因は、国内自動車市場の需要減少による生産調整のためであり、今後すぐに回復する見込みは立っていない。今のところ、玩具メーカーや工作機械メーカー等の新規得意先の開拓については、自動車部品の落ち込みをカバーするほどの売上実績をあげることはできていないが、営業活動に時間を割いて取り組んでおり、実を結びつつある。

　計画における目標必達のため、売上高の計画数値は、努力目標のような強気な計画ではなく、高い確率で見込める数値で設定することとした。

(2) 利　益

　売上高の減少に伴い、3期前から経常赤字となっている。計画上の数値として、初年度は経常黒字化、3年後は経常黒字20百万円を確保することを利益目標とした。売上の回復が不透明であるため、利益の確保には費用の削減が必須となる。

　費用の推移から、売上減少にもかかわらず、人件費等の固定費の削減が進んでいない。そこで、人件費の削減を優先して実行し、あらゆる費用を精査し、削減できるものがあれば計画に織り込むこととした。

(3) 分析指標

●棚卸資産回転期間

　売上債権、仕入債務回転期間の推移に関しては同程度で推移しているが、棚卸資産回転期間が2.3カ月→2.5カ月→2.7カ月と、徐々に長くなってい

る。この点について確認したところ、2期前に購入した原材料について、単価を下げるために大量購入を行い、その結果、すでに生産が終了したモデルにしか使えない原材料が20百万円あるということが判明した。これは、51期計画で費用化する。

- 債務償還年数

  大部分の資金調達先を他人資本である借入金に依存しており、借入金はリスケを繰り返していた。これらの借入金依存体質を脱することが会社にとって喫緊の課題である。債務償還年数も徐々に伸びており、10年を超えている。次期以降の計画では、借入金の返済原資を確保するため、3年以内に債務償還年数が10年を切るような目標値を立てることとした。

(4) 目標の設定

以上をふまえ、下記の目標を設定した。

- 棚卸資産の陳腐化による評価損を加味すると現状は実質債務超過であるため、2年後には資産超過となるように目標利益を設定する。
- 目標売上高は努力目標的な数値ではなく、最低限見込める現状維持の水準とする。
- 人件費をはじめとして、固定費の無駄を見直し、費用の削減を進める。
- 借入金依存体質から脱却するため、債務償還年数を3年以内に10年を切るレベルにする。

7　見積損益計算書

(単位：百万円)

科　目	50期実績	構成比	51期計画	構成比	52期計画	構成比	53期計画	構成比
売上高	798	100.0%	780	100.0%	790	100.0%	795	100.0%
変動費								
材料費	323	40.5%	315	40.4%	326	41.3%	328	41.3%
外注費	92	11.5%	97	12.4%	98	12.4%	98	12.3%
その他変動費	48	6.0%	45	5.8%	52	6.6%	52	6.5%
限界利益	335	42.0%	323	41.4%	314	39.7%	317	39.9%
固定費								
人件費	275	34.5%	254	32.6%	240	30.4%	238	29.9%
減価償却費	30	3.8%	28	3.6%	26	3.3%	24	3.0%
その他固定費	44	5.5%	41	5.3%	38	4.8%	35	4.3%
経常損益	−14	−1.8%	0	0.0%	10	1.3%	20	2.4%
陳腐化在庫評価損	0	0.0%	20	2.6%	0	0.0%	0	0.0%
税引前損益	−14	−1.8%	−20	−2.6%	10	1.3%	20	2.4%
法人税等	0	0.0%	0	0.0%	0	0.0%	0	0.0%
税引後利益	−14	−1.8%	−20	−2.6%	10	1.3%	20	2.4%

8 販売計画

製品別販売計画

(単位:百万円)

		50期実績		51期計画		52期計画		53期計画	
		売上高	構成比	売上高	構成比	売上高	構成比	売上高	構成比
自動車用部品	シートベルト部品	324	40.6%	300	38.5%	290	36.7%	290	36.5%
	エアバック部品	285	35.7%	260	33.3%	265	33.5%	270	34.0%
	ショックアブソーバー部品	133	16.7%	150	19.2%	155	19.6%	155	19.5%
玩具用部品		35	4.4%	40	5.1%	45	5.7%	45	5.7%
工作機械用部品		21	2.6%	30	3.8%	35	4.4%	35	4.4%
合計		798	100.0%	780	100.0%	790	100.0%	795	100.0%

- シートベルト部品およびエアバッグ部品は、受注状況から勘案して当期実績を若干下ぶれする予定である。
- ショックアブソーバー部品に関しては、新たなモデルの受注が20百万円程度確保できると見込んでいる。
- 自動車部品以外の玩具、工作機械部品に関しては、営業活動の成果から若干の上積みを見込んでいる。

顧客先別販売計画

		50期実績		51期計画		52期計画		53期計画	
		売上高	構成比	売上高	構成比	売上高	構成比	売上高	構成比
既存顧客	V産業株式会社	259	32.5%	270	34.6%	278	35.2%	278	35.0%
	株式会社W部品工業	183	22.9%	170	21.8%	170	21.5%	170	21.4%
	有限会社Xモーター	152	19.0%	132	16.9%	130	16.5%	130	16.4%
	Y金属株式会社	169	21.2%	163	20.9%	162	20.5%	162	20.4%
	Zホビー株式会社	35	4.4%	40	5.1%	45	5.7%	45	5.7%
新規顧客		−	−	5	0.6%	5	0.6%	10	1.3%
合計		798	100.0%	780	100.0%	790	100.0%	795	100.0%

- V産業株式会社は一番の得意先であり、値下げ圧力が強いものの受注数は多く見込まれ、生産効率を上げて対応していく予定であり、売上高は上ぶれする見込み。
- その他の顧客先は当期と同程度か若干下ぶれる見込み。
- 新規顧客に関しては、玩具メーカーで1、2社取り組んでいる先があり、来期以降若干の新規受注を見込んでいる。

9 人員計画

(単位：人)

部　門	人員予測	50期 実績	51期 計画	52期 計画	53期 計画
役　員	3名で今のところ今後の増加予定はない。	3	3	3	3
製造部門 (正社員)	51期に1名、52期に2名の定年退職者がいるが、退職後の正社員の補充はせず、そのままパートとして契約する予定である。	56	55	53	53
製造部門 (パート、アルバイト)	上記の正社員分の補充をパート人数に反映させる。なお、人数はパート、アルバイトの総時間予定数を正社員の年間平均労働時間を基準に人数を換算している。	13	14	16	16
営業および管理部門	営業部門強化のため、52期に業績が上向くのを前提として1名中途採用する。	4	4	5	5
合　計		76	76	77	77

第7章 事業計画の事例―A精工株式会社

10 設備投資計画

投資項目	50期実績		51期計画		52期計画		53期計画	
	金額	摘要	金額	摘要	金額	摘要	金額	摘要
α金属加工機械装置					3百万円	自己資金 耐用年数 10年 4月取得予定		
β検査器具							2百万円	自己資金 耐用年数 5年 10月取得予定
事務処理用パソコン			1百万円	リース リース期間5年 4月取得予定				

- 業績不振から、設備投資を可能な限り抑制し、プレス機械装置等の巨額な設備投資は業績が回復した後を予定している。
- 設備投資に関しての借入れは予定していない。

11　売上原価・販管費・営業外損益計画（変動費）

（単位：百万円）

		50期実績		51期計画		52期計画		53期計画	
		金額	売上高比	金額	売上高比	金額	売上高比	金額	売上高比
売上高		798	100.0%	780	100.0%	790	100.0%	795	100.0%
変動費	変動材料費	323	40.5%	315	40.4%	326	41.3%	328	41.3%
	変動労務費	34	4.3%	36	4.6%	41	5.2%	41	5.2%
	変動経費	98	12.3%	98	12.6%	101	12.8%	101	12.7%
	運送費	8	1.0%	8	1.0%	8	1.0%	8	1.0%
	合計	463	58.0%	457	58.6%	476	60.3%	478	60.1%

- 変動材料費については、材料高騰の影響は相場の落ち着きから僅少とみられており、来期計画以降すべて当期実績と同程度の変動費率で算定する。
- 変動労務費はパート、アルバイトの工賃である。計画策定の3年間における定年による従業員の退職後は、パートとして再雇用する予定であるため、その分の増加を見込む。
- 変動経費の主な項目は外注加工賃である。今後3年間、定年退職分の従業員減はパートや外注で補う予定であるため、その分の増加を見込む。
- 運送費は同程度を見込む。

第7章 事業計画の事例—A精工株式会社

12 売上原価・販管費・営業外損益計画（固定費）

（単位：百万円）

		50期実績		51期計画		52期計画		53期計画	
		金額	売上高比	金額	売上高比	金額	売上高比	金額	売上高比
売上高		798	100.0%	780	100.0%	790	100.0%	795	100.0%
固定費	役員報酬	24	3.0%	17	2.2%	17	2.2%	17	2.1%
	給与手当	197	24.7%	193	24.7%	180	22.8%	179	22.5%
	賞　与	23	2.9%	15	1.9%	15	1.9%	15	1.9%
	法定福利費	31	3.9%	29	3.7%	28	3.5%	27	3.4%
	旅費交通費	2	0.3%	2	0.3%	2	0.3%	2	0.3%
	修繕費	8	1.0%	8	1.0%	6	0.8%	5	0.6%
	水道光熱費	3	0.4%	3	0.4%	3	0.4%	3	0.4%
	支払手数料	6	0.8%	5	0.6%	5	0.6%	5	0.6%
	租税公課	5	0.6%	5	0.6%	5	0.6%	5	0.6%
	減価償却費	30	3.8%	28	3.6%	26	3.3%	24	3.0%
	リース料	3	0.4%	3	0.4%	3	0.4%	2	0.3%
	その他経費	6	0.8%	5	0.6%	5	0.6%	5	0.6%
	支払利息	11	1.4%	10	1.3%	9	1.1%	8	1.0%
	陳腐化在庫評価損	0	0.0%	20	2.6%	0	0.0%	0	0.0%
	合　計	349	43.7%	343	44.0%	304	38.5%	297	37.4%

- 利益目標達成のためには人件費削減を行うことが不可避であり、従業員賞与を年間1.5カ月分から1.0カ月分とした。また、従業員に対し理解を求めるため、役員報酬を30％カットすることとした。
- 51期に1名、52期に2名の定年退職予定者がいるが、正社員での補充はしないこととし、給与の減少に反映させている。また、退職後はパートでの勤務を打診する予定であり、その人件費は変動労務費へ織り込む。
- その他経費は節減に努める。
- 陳腐化在庫評価損は50期実績の分析で発覚したものであり、51期に全額費用化する。

13　見積月次損益計算書

(単位：百万円)

	4月	5月	6月	7月	8月	9月	10月	11月	12月	1月	2月	3月	51期計画計
売上高	60.0	65.0	60.0	70.0	52.0	75.0	64.0	60.0	70.0	65.0	58.0	81.0	780.0
変動費	35.0	38.0	35.0	41.0	30.0	44.0	38.0	35.0	41.0	38.0	34.0	48.0	457.0
限界利益	25.0	27.0	25.0	29.0	22.0	31.0	26.0	25.0	29.0	27.0	24.0	33.0	323.0
固定費													
人件費	19.5	19.5	29.5	19.5	19.5	19.5	19.5	19.5	29.5	19.5	19.5	19.5	254.0
減価償却費	2.3	2.3	2.3	2.3	2.3	2.3	2.3	2.3	2.4	2.4	2.4	2.4	28.0
その他固定費	3.5	3.6	3.3	3.4	3.4	3.3	3.5	3.3	3.5	3.3	3.3	3.6	41.0
経常損益	−0.3	1.6	−10.1	3.8	−3.2	5.9	0.7	−0.1	−6.4	1.8	−1.2	7.5	0.0
陳腐化在庫評価損	20.0	0.0	0.0	0.0	0.0	0.0	0.0	0.0	0.0	0.0	0.0	0.0	20.0
税引前損益	−20.3	1.6	−10.1	3.8	−3.2	5.9	0.7	−0.1	−6.4	1.8	−1.2	7.5	−20.0
法人税等	0.0	0.0	0.0	0.0	0.0	0.0	0.0	0.0	0.0	0.0	0.0	0.0	0.0
税引後利益	−20.3	1.6	−10.1	3.8	−3.2	5.9	0.7	−0.1	−6.4	1.8	−1.2	7.5	−20.0

● 売上高は、季節性および受注状況を勘案して納品時期から推測した。
● 変動費は年間の変動費率で売上高に乗じて算定した。

第7章 事業計画の事例—A精工株式会社

14 見積貸借対照表および分析指標

(単位:百万円)

科目	50期実績	51期計画	対前年	52期計画	対前年	53期計画	対前年
現預金	15	18	3	34	16	49	15
売上債権	147	142	−5	143	1	143	0
棚卸資産	178	156	−22	158	2	159	1
有形固定資産	429	401	−28	378	−23	356	−22
その他資産	27	29	2	27	−2	28	1
(資産合計)	(796)	(746)	(−50)	(740)	(−6)	(735)	(−5)
仕入債務	171	168	−3	171	3	171	0
未払金	75	71	−4	76	5	79	3
借入金	495	470	−25	445	−25	415	−30
その他負債	40	42	2	43	1	45	2
(負債合計)	(781)	(751)	(−32)	(735)	(−16)	(710)	(−25)
資本金	10	10	0	10	0	10	0
剰余金	5	−15	−20	−5	10	15	20
(純資産合計)	(15)	(−5)	(−20)	(5)	(10)	(25)	(20)
(負債・純資産合計)	(796)	(746)	(−50)	(740)	(−6)	(735)	(−5)

	50期実績	51期計画	52期計画	53期計画	算定式
売上債権回転期間	2.2カ月	2.2カ月	2.2カ月	2.2カ月	売上債権/売上高÷12
棚卸資産回転期間	2.7カ月	2.4カ月	2.4カ月	2.4カ月	棚卸資産/売上高÷12
仕入債務回転期間	4.9カ月	4.9カ月	4.8カ月	4.8カ月	仕入債務/(材料費+外注費)÷12
債務償還年数	29.1年	16.2年	10.1年	8.8年	有利子負債/営業キャッシュ・フロー
自己資本比率	1.9%	−0.7%	0.7%	3.4%	自己資本/総資本

15　見積キャッシュ・フロー計算書

(単位：百万円)

	50期実績	51期計画	52期計画	53期計画
当期純利益	−14	−20	10	20
減価償却費	30	28	26	24
売上債権の増減	6	5	−1	0
棚卸資産の増減	−6	22	−2	−1
仕入債務の増減	−2	−3	3	0
その他の増減	3	−3	8	4
営業活動によるキャッシュ・フロー	17	29	44	47
設備投資による支出	−24	−1	−3	−2
投資活動によるキャッシュ・フロー	−24	−1	−3	−2
借入金の返済による支出	−8	−25	−25	−30
財務活動によるキャッシュ・フロー	−8	−25	−25	−30
現預金の増減	−15	3	16	15
期首現預金残高	30	15	18	34
期末現預金残高	15	18	34	49

第7章 事業計画の事例―A精工株式会社

16 月次資金繰り表

(単位:百万円)

		4月	5月	6月	7月	8月	9月	10月	11月	12月	1月	2月	3月	51期計
前月繰越		15.0	33.5	43.0	15.5	18.0	30.5	32.0	19.5	47.5	18.0	20.5	27.5	15.0
経常収支	収入 現金売上	0.0	0.0	0.0	0.0	0.0	0.0	0.0	0.0	0.0	0.0	0.0	0.0	0.0
	売掛金回収	72.0	70.5	60.0	65.0	60.0	70.0	52.0	72.5	64.0	60.0	70.0	65.0	781.0
	受取手形期日入金	0.0	1.5	0.0	0.0	0.0	0.0	0.0	2.5	0.0	0.0	0.0	0.0	4.0
	その他入金	0.0	0.0	0.0	0.0	0.0	0.0	0.0	0.0	0.0	0.0	0.0	0.0	0.0
	収入合計	72.0	72.0	60.0	65.0	60.0	70.0	52.0	75.0	64.0	60.0	70.0	65.0	785.0
	支出 現金仕入	0.0	0.0	0.0	0.0	0.0	0.0	0.0	0.0	0.0	0.0	0.0	0.0	0.0
	買掛金支払	9.0	5.0	15.0	7.0	8.0	12.0	8.0	7.5	10.0	7.0	10.5	4.0	103.0
	支払手形期日決済	19.0	30.0	28.0	32.0	15.0	25.0	25.0	15.0	45.0	20.0	25.0	30.0	309.0
	人件費(固定費分)	19.5	19.5	29.5	19.5	19.5	19.5	19.5	19.5	29.5	19.5	19.5	19.5	254.0
	その他経費	5.0	8.0	10.0	4.0	5.0	7.0	12.0	5.0	4.0	11.0	8.0	11.0	90.0
	支出合計	52.5	62.5	82.5	62.5	47.5	63.5	64.5	47.0	88.5	57.5	63.0	64.5	756.0
	差引過不足	19.5	9.5	-22.5	2.5	12.5	6.5	-12.5	28.0	-24.5	2.5	7.0	0.5	29.0
財務収支	収入 借入金増加	0.0	0.0	0.0	0.0	0.0	0.0	0.0	0.0	0.0	0.0	0.0	0.0	0.0
	資産売却	0.0	0.0	0.0	0.0	0.0	0.0	0.0	0.0	0.0	0.0	0.0	0.0	0.0
	支出 借入金返済	0.0	0.0	5.0	0.0	0.0	5.0	0.0	0.0	5.0	0.0	0.0	10.0	25.0
	資産購入	1.0	0.0	0.0	0.0	0.0	0.0	0.0	0.0	0.0	0.0	0.0	0.0	1.0
次月繰越		33.5	43.0	15.5	18.0	30.5	32.0	19.5	47.5	18.0	20.5	27.5	18.0	18.0

- 売掛金回収および受取手形期日入金は、月次売上と回収サイトから算定した。
- 買掛金支払と支払手形期日決済は、仕入予定と支払サイトから算定した。
- その他経費は、租税公課や保険料などの支払時期を推定し算定した。
- 借入金返済は、借入金返済予定月を確認し時期を特定した。

計画策定後、事業計画（予算）に従って業務活動を行い、実施した活動が事業計画どおりに進捗できているか、月次損益計算書および月次資金繰り表について、予算と実績がどの程度乖離しているかを、月次ごとに確認していきます。

　そして、実績と計画の差異は何なのか、たとえば下記のような観点で予実分析を行い、乖離した原因を探ります。

- ▶売上が未達の場合、顧客の区別で、新規顧客がとれずに未達だったのか、既存顧客の売上が未達だったのか
- ▶人件費の金額が超過していた場合、パートの人件費が超過したのか、社員の残業代が超過したのか

　原因を調査したうえで、具体的な改善策を検討して実行し、必要あれば事業計画（予算）を修正してPDCAサイクルにつなげ、継続的な業務改善を行っていくことになります。

中小企業向け新規融資のための事業計画分析PDCA

平成25年7月31日　第1刷発行

著　者　森岡宏之／鵜木優次
発行者　加　藤　一　浩
印刷所　図書印刷株式会社

〒160-8520　東京都新宿区南元町19
発行所・販売　株式会社きんざい
編 集 部　TEL 03(3355)1770　FAX 03(3355)1776
販売受付　TEL 03(3358)2891　FAX 03(3358)0037
　　　　　URL http://www.kinzai.jp/

・本書の内容の一部あるいは全部を無断で複写・複製・転訳載すること、および磁気または光記録媒体、コンピュータネットワーク上等へ入力することは、法律で認められた場合を除き、著作者および出版社の権利の侵害となります。
・落丁・乱丁本はお取替えいたします。定価はカバーに表示してあります。

ISBN978-4-322-12326-5